Bericht von der ersten deutschen Antarktisexpedition, August 1901 – Dezember 1903

»Die Zersetzung des Eises war jetzt überaus stark. Mitte Dezember stieg die Temperatur auch in der Luft über 0 Grad Celsius, am 21. hatten wir Regen. Die Lachen auf den Eisoberflächen wuchsen an Zahl und Grösse, die Seen neben dem Schiff vereinigten sich, Spalten rissen und Robben kamen aus ihnen hervor, kurz - es gab eine Menge Spuren dafür, dass das Eis sich löste. Diese Umstände wirkten zusammen, um ungeduldige Stimmungen zu erzeugen, die sich jedoch bald beseitigen liessen.«

Gestaltung: Wunderamt

Ingo Arndt & Claus-Peter Lieckfeld

Logbuch

Expedition ins antarktische Packeis

Polarstern

GEO
Frederking & Thaler

POLARSTERN

Inhalt

VORWORT

---Vom Leben am Ende der Welt---------------

JÖRN THIEDE, ALFRED-WEGENER-INSTITUT FÜR POLAR- UND MEERESFORSCHUNG

Den Jahreswechsel 2004/2005 verbrachte die *Polarstern* mit 57 Wissenschaftlerinnen und Wissenschaftlern aus zehn Ländern im westlichen Weddellmeer. Das Schiff sollte für über zwei Monate als schwimmendes Laboratorium neben einer großen Eisscholle verankert liegen, um einen der extremsten Lebensräume unserer Erde zu untersuchen. Die jahreszeitlichen Wechsel führen dazu, dass sich die Eisverhältnisse im Südozean schnell verändern. Fast die gesamte antarktische Meereisdecke verschwindet im Südsommer und baut sich im Herbst und Winter wieder auf, d. h., dass eine von Eis bedeckte Fläche, die etwa halb so groß wie Nordamerika ist, eisfrei wird und sich dann wieder mit einer dünnen Haut des nur wenige Meter mächtigen Meereises überzieht. Trotz der enormen Schwankungen von Lichteinfall und Temperatur sowie des Gefrierens und Schmelzens des Meereises wird dieser extreme Lebensraum von vielen Pflanzen und Tieren erfolgreich genutzt.

Noch nie hatte ein Schiff über zwei Monate an einer Eisscholle verankert gelegen, um die Stoffumsätze im Eis, die Schmelzvorgänge am Rande und unter dem Eis, das Leben in den Laugenkanälen im Eis sowie Plankton und Nekton im Meerwasser zu untersuchen. Die Arbeitsgruppe an Bord bestand aus Chemikern, Physikern, Glaziologen und vielen Biologen, um gemeinsam alle notwendigen Messwerte und Beobachtungen zu erheben.

Mit dem westlichen Weddellmeer hatte die *Polarstern* ein einzigartiges Meeresgebiet des Südozeans zum Ziel, da es innerhalb der antarktischen Meereiszone liegt, hier ein außergewöhnlich großer Anteil von mehrjährigem Meereis gefunden wird und es einen großen Einfluss auf die Ozeanographie, die Meteorologie und die Biologie des Südozeans ausübt. Die geplanten Untersuchungen hatten alle direkt oder indirekt mit dem Schicksal des Eises im jahreszeitlichen Wechsel zu tun. Untersucht werden sollten daher die Metamorphose und das Schmelzen des Schnees sowie die Oberflächeneigenschaften der Eisscholle. Von großem Interesse waren zudem das Wiedergefrieren von Schmelzwasser, die Bildung von aufliegendem Eis an der Schneeeisgrenze, die seewassergefüllten Lagen im Eis und die Entstehung von hochproduktiven biologischen Gemeinschaften innerhalb der Spalten im Eis. Schließlich bilden sich im Eis Salzlaugenkanäle, die zum Zerfall und Schmelzen an der Eisunterseite beitragen, und es kommt so zu einem intensiven Austausch von Salzlauge und Seewasser zwischen dem eigentlichen Eis und dem Meer.

Obwohl die polaren Meeres- und Landgebiete auf der nördlichen und südlichen Hemisphäre hohen jahreszeitlichen Schwankungen unterliegen, haben sich hier reiche Faunen und Floren entwickelt. Besonders der Südozean ist trotz seiner extremen Eigenschaften, die sich über die Tiefwasserbildung auch bis in gemäßigte und niedrigste Breitengrade fortpflanzen, einer der produktivsten Lebensräume unserer Erde. Ihn zu untersuchen und die ablaufenden Prozesse über einen längeren Zeitraum verfolgen zu können war Ziel der Expedition. Die Forscher der *Polarstern* kehrten Anfang 2005 mit einem reichen Schatz von Beobachtungen, Daten und Proben an ihre Institute zurück. Seither sind sie mit der Auswertung ihrer Erkenntnisse beschäftigt. Über E-Mail und auf wissenschaftlichen Treffen tauscht sich die verschworene Bord-Gemeinschaft eifrig aus, bis neue Herausforderungen die Wissenschaftler in andere Projekte ziehen. Dass so schnell ein Buch über diese Expedition erscheint, verrät viel von der Faszination, von der alle Fahrtteilnehmer erfasst wurden.

Warum so weit?

Die 88. Antarktisfahrt der *Polarstern* – Forschungsschiff des renommierten Alfred-Wegener-Instituts für Polar- und Meeresforschung in Bremerhaven – führte bis zu einer Eisscholle im Südwesten des Weddellmeeres. Vor der Antarktischen Halbinsel, auf 68 Grad südlicher Breite.

Ozeanographen, Biologen, Chemiker, Geologen und Glaziologen begaben sich aufs Treibeis. Sie ließen sich, am Südpunkt ihrer Reise angekommen, knapp fünf Wochen im engen Schulterschluss von Schiff und Scholle fast 100 Kilometer vom mysteriösen Weddellwirbel mitnehmen.

All das, um in gemeinsamer Anstrengung Fragen nachzugehen wie: Warum und in welchem Umfang ist das Weddellmeer ein Scheidewasser für globale Schicksalsfragen? Wie steuert der große Puls das weltweite Klimageschehen? Was bewirkt die gigantische winterliche Ausdehnung des Packeiskranzes um Antarktika im Wechsel mit der allsommerlichen Schrumpfung auf ein paar küstennahe Eisinseln? Was *genau* hat es mit den winzigen »schwefeligen« Partikeln auf sich, die über dem Eis aufsteigen und als Kristallisationskeime für die Wolkenbildung agieren? Wieso und wie genau steuern die Schneefälle über dem zirkumpolaren Meer die Sonnenlichtmenge, die schließlich von der Erde reflektiert wird? – eine spannende Frage, die unter den Stichworten »Treibhauseffekt« und »Aufeisbildung« diskutiert wird. Gelingt es, das Jahrhunderträtsel zu knacken, das sich hinter der Abkürzung DOM *(Dissolved Organic Matter)* verbirgt? Dabei geht es um einen Nährstoff-Cocktail, der in allen Weltmeeren schwappt, aber an dem sich rätselhafterweise alle Bakterien die Zähne ausbeißen. Warum? Wie *genau* pulst das Weddellmeer die transglobalen Strömungen auf der Süd- und teils auf der Nordhalbkugel? Und wie kann man die bestehenden Rechenmodelle verfeinern? Wie genau lässt sich die Fließgeschwindigkeit der erdumspannenden Strömungen mittels FCKW messen – also ausgerechnet mit dem verhassten Ozonkiller? Kann Krill – so jedenfalls steht es noch in allen Lehrbüchern – wirklich das Ein und Alles des antarktischen maritimen Nahrungsnetzes sein, wenn das Leben auch da boomt, wo keine Krillschwärme vorkommen? Wie werden Lebewesen unter Eis und Schnee mit den extremen Mangelfaktoren Licht und Wärme fertig sowie mit der Überdosis an UV-Strahlung? Genetiker wollen die »Schaltstellen« im Erbgut genauer bestimmen, die Bakterien, Eisalgen, Ruderfußkrebse, Würmer, den Krill und andere zu diesen Ausnahmeleistungen in puncto Anpassung befähigen. Warum und wie funktioniert im Weddellmeer einer der bedeutendsten Wasserfälle in die Tiefsee *trotz* vergleichsweise kleiner Unterschiede in Temperatur und Salzgehalt? Wie überlagern sich die verschiedenen Bewegungen im Weddellmeer: der Weddellwirbel, der Zirkumpolarstrom, Wind, lokale Kleinwirbel, Gezeiten? Treiben die Eisberge relativ unabhängig im Packeisfeld dahin oder nicht? Detailuntersuchungen – auf der Scholle und vom Hubschrauber aus – sollen Voraussetzungen schaffen, um in Zukunft Satellitenaufnahmen des Packeisgürtels weitaus besser lesen zu können als bisher.

All diese Fragen und etliche mehr münden ineinander; darum auch war ISPOL 2004/2005 so interdisziplinär besetzt wie fast nie zuvor. Experten von allen Kontinenten

Mal dient die eisgängige *Polarstern* als Versorgungsschiff für die deutsche Antarktisstation Neumayer, mal als Wissenschaftstransporter in beide Polarregionen.

ISPOL 2004/2005 machte das Schiff zum schwimmenden Großlabor – fest vertäut (Seite 8/9) an einer sorgfältig ausgewählten Scholle im südwestlichen Weddellmeer.

----------die Reise zu den Fragezeichen-----

einigten sich darauf, sich einvernehmlich gegenseitig mit Daten zu füttern. Das Büfett wurde täglich im bordeigenen Intranet angerichtet. Ein Beispiel für den disziplinüberschreitenden Fluss: Die Gruppen, die sich mit der Bedeutung der Eis- und Meeresalgen für Wetter und Klima beschäftigten, waren naturgemäß brennend an den Ergebnissen der Kollegen von der Botanik interessiert, die sich intensiv um Produktivität und Lebenszyklen der gigantisch großen Algenteppiche kümmerten.

Und die »Eis-Botaniker« wiederum wollten wissen, welches Getier wie intensiv den Untereis-Rasen beweidet. Aber warum und wie kann der 20 Millionen Quadratkilometer große Packeisgürtel unterwärts überhaupt algengrün sein, wenn doch diese »primitiven« Pflanzen für ihr Wachstum Eisen brauchen? Ausgerechnet ein Spurenmetall, das in dieser Weltgegend besonders selten ist. Alles Fragen, an denen mehr hängt als »nur« allgemeines Forscherinteresse. Existenziell wichtige Fragen möglicherweise.

Darüber hinaus interessierten sich zwei mitreisende Journalisten für das Innenleben eines charismatischen Schiffes, für die Menschen und die Geschichten, aus denen Wissenschaftsgeschichte wird. Der Fotograf benutzte hochmodernes Gerät, der Textautor durfte sich auf ein relativ altes Messinstrument stützen: seinen Empfindungsapparat.

Herausgekommen ist das Logbuch einer Fahrt, die mit ihrem Ende einen Anfang markiert. Was uns noch blüht, weiß die weiße Wüste, in der das Leben speziellen Naturgesetzen folgt, wenn die normalen nicht reichen.

POLARSTERN

Ende eines Vieltagetages

Ein langer Frühlingstag im Dezember ist zu Ende. Vielleicht 100 Sonnenstunden hat er gedauert. Oder waren es nicht eher 150? Ich sollte, ehe ich weiterspekuliere, kurz zur Brücke hochlaufen und unseren Bordmeteorologen Karl-Heinz Bock fragen. Der Mann ist ein Eisfuchs, auf der *Polarstern* ergraut.

Wie auch immer, es war ein Vieltagetag ohne eine Andeutung von schlechtem Wetter, geschweige denn von Nacht, die bekanntlich im Südpolarsommer komplett ausfällt. Ein Tag mit dem blausten Himmelblau meines Lebens. Mit philosophischen Kaiserpinguinen, die sich einem in den Weg stellten und zu grübeln schienen, wie diese verkrüppelten, riesenwüchsigen, schwimmunfähigen Pinguine hier zurechtkommen wollen. Ein Vieltagetag, in dessen Verlauf auch ein Seeleopard auftauchte, knapp zwei Meter vor mir an der Eiskante, groß wie die Wasserriesen aus meinem Kinderbilderbuch, ein Vieltagetag mit Einblicken in die Welt planktonischer Lebewesen, die ein Gott mit skurrilem Spieltrieb zusammengepuzzled haben muss.

Ein einziger Hochtag, mit Licht, das unter aufgeschichteten Eisbruchkanten glomm: einem Blau wie in Mittelmeergrotten, nur glühender, intensiver, magischer. Einem Blau, das auf der Netzhaut noch eine kleine Weile nachglomm, wenn man sich irgendwann in der Koje ausstreckte und dem Körper sagte, dass jetzt Schlafenszeit sei, einerlei was die Sonnenuhr hinterm Bullauge anzeigt.

Es war ein Vieltagetag außerhalb des Zeitkontinuums, mit den tiefsten Spuren, die ich jemals in irgendwelchen Schnee getreten habe, mit den tiefsten Natureindrücken, denen ich je ausgesetzt war – Betonung auf »ausgesetzt«. Das Ausgesetztsein ist kaum an einem anderen Ort so eindringlich spürbar wie auf einer antarktischen Packeisscholle. Ich bin über diese kristalline Wasserschicht gelaufen wie eine Fliege über Milchsuppenhaut, unter mir 1500 Meter Ozean. Ich bin ... Stopp! Das waren jetzt mehr Superlative, als man als Autor zu Papier bringen darf, ohne den Argwohn des Lesers zu erregen. Und ich hatte den Finger auch schon an der Löschtaste, als Gerhard Dieckmann, Mitinitiator und einer der vier Planer des ganzen ISPOL-Unternehmens (ISPOL = Ice Station Polarstern; Kürzel für die Antarktisexpedition 2004/2005 der *Polarstern*), zu mir auf Kammer kam. »Nun haben wir den Salat«, sagte er und ließ sich auf die grüngelbe Couch fallen, die zwischen Stockbett, Tisch und Bordwand eingeklemmt ist. In knappen Worten berichtet er vom Schlusspunkt einer Entwicklung, die erhebliche atmosphärische Störungen bereitet hat und wohl noch bereiten wird. Etwas Bitterkeit und Enttäuschung schwingt mit: all diese langen Vorbereitungssitzungen in Bremerhaven, Koordinationstreffen, Umstrukturierungen, all diese Häkelarbeit an problematischen Säumen, E-Mails, zeitweise im Stundentakt, in die USA, nach Australien, Finnland; und Faxe mit denen er sein Büro im Alfred-Wegener-Institut (AWI) hätte komplett tapezieren können. All dieses Drehen an dutzenden Stellschrauben, damit möglichst viele Arbeitsgruppen sich gegenseitig zuarbeiten, auf dass die ISPOL-Scholle zum Tableau für große Erkenntnisse werden kann ... Und nun das! Störfeuer von unter dem Eis.

Das wissenschaftliche Tauchen unterm Eis, Grundlage vieler biologischer Untersuchungen und Experimente, ist abgesetzt worden. Zu gefährlich! Angeblich oder tatsächlich. Genau darüber wird kurz vor Heiligabend hart und erbittert diskutiert. Und hinter allen Pros und Kontras steht, nachdem die Kontras obsiegten, die Frage: Wie groß ist der Riss, den das fein austarierte wissenschaftliche Gesamtprogramm an diesem 20. Dezember 2004 bekommen hat? Ich bemerke, wie sich Gerhard noch um ein paar unverfängliche, halbwegs fröhliche Wendungen bemüht, denn: Ich solle mich bloß nicht von seiner Stimmung runterziehen lassen, ausgerechnet jetzt, wo ich anfangen will, meine Aufzeichnungen zu ordnen.

----------auf was lässt du dich da ein----

Als ich wieder allein auf Kammer bin, wirbeln mir all die Teilmengen der letzten Tage im Kopf herum. Fast wie im Kino, wenn mit kurzen Schnitten Anlauf auf den einen großen Höhepunkt genommen wird. Fehlte nur noch die pochende Musik ... Möglicherweise ist mehr als nur der Weihnachtsfriede gestört an unserer »Heimatscholle«, dieser großen Eisscheibe, an der unser Forschungsschiff *Polarstern* vor drei Wochen festgemacht hat und deren Reste sie in den ersten Tagen des neuen Jahres verlassen wird. Dieser 20. Dezember 2004 wird ein Stückchen inoffizieller Geschichte der *Polarstern* markieren. Nichts, was in die Annalen der Wissenschaft eingehen wird, eher in die Lebens-Logbücher all derer, die dabei waren: Wisst ihr noch, damals 2004, kurz vor Weihnachten, als Seeleoparden hohe Wellen schlugen? Und als die Frage buchstäblich in aller Munde war, ob sie wirklich unter keinen Umständen Taucher angreifen. Atmosphärische Aufladung auch draußen. Am Rand unserer ausfransenden Scholle schleifen Wolken mit grauweißen Bäuchen übers Eis. Die weißen Schneesturmvögel sind nur noch schwarze fliegende Knopfaugen, die aus dem Nichts kommen und wieder abtauchen. Tagtraumgestalten. Polargeister. Diffuses Licht verschluckt die Konturen, blendet Eisrücken und Schneekegel ab, retuschiert die Risse; eine Landschaft ohne Land, ohne Anfang und Ende.

Ein strammer Südost hat einen Eisanker ausgerissen, und die *Polarstern* macht eine heftige Rollbewegung nach Steuerbord – nach gut dreiwöchiger Liegezeit eine durchaus ungewohnte Bewegung. Die Markierungsflaggen auf der Scholle, die ich durchs Bullauge erkenne, flirren im Wind. Signalgeber für noch mehr Turbulenz? Miles McPhee, Polarexperte aus Washington State/USA, wird das gefallen. Endlich geschieht etwas! Er will Turbulenzen unter der Scholle messen. Schlechtes Wetter ist nicht für alle an Bord schlechtes Wetter. In vier Tagen ist Heiligabend, und ich fühle mich nicht besonders gut. Es sind nicht so sehr die vier Teelicht-Nikoläuse, die einen leise ziehenden Weihnachtsschmerz aufkommen lassen – die vier haben die Adventszeit an Bord unversehrt und unversengt überlebt, weil offenes Licht auf Kammer strengstens verboten ist. Nein, die Sehnsucht nach Adventskranz und vertrauten Riten ist erträglich; es ist die innere Anspannung, die Produktionsspannung, die Verspannung bewirkt. Meine Notizen quellen über, ohne dass ein passendes Auffang- und Speichermedium bereitstünde. Was sich da an ausgedruckten Notizen neben der extra schweren Leselampe stapelt – trotz Bleikonsole ist sie im ersten Sturm vor fünf Wochen fast vom Tisch geschlittert –, ist mehr, als man zwischen zwei Buchdeckel klemmen kann und sollte. Der übliche *horror vacui*: die Angst des Schreibers vor der leeren Seite, vor dem Vakuum, eine Angst, die auch die Kehrseite von Daten-Völlegefühl sein kann. Leere Seiten haben hohe Albedo. Sie reflektieren die Gedanken zurück ins Nichts. Und das Einzige, was dagegen hilft, ist anfangen. Anfangen! Es gäbe viele denkbare Anfänge. Etwa die zehn Sekunden im Umbau-Behelfscontainer des Alfred-Wegener-Instituts in Bremerhaven, rund zweieinhalb Jahre vor Reisebeginn – sechs Herzschläge, in denen ich mich entschloss, das unerwartete Angebot anzunehmen: »Du bist Mitte fünfzig, Mann! It`s now or never!« Oder zu Hause, der erste Kontrollblick auf den Globus, nach ganz unten, dorthin, wo Antarktika einen langen, krummen, kalten Finger Richtung Amerika ausstreckt: »Bah, ist das weit!« Vielleicht auch wenig später die Zusage des Fotografen Ingo Arndt. Oder die kleine Krise im August 2004, drei Monate vor Abreise, als ich mich im warmen Wasser des Ammersees treiben ließ, über mir ein Baldachin aus Weiden und Erlen, in der Luft Lachmöwengezeter und Libellenkunstflug, hoch oben Schäfchenwolken ... und plötzlich der Gedanke: Mensch, auf was lässt du dich da eigentlich ein? Tag für Tag eisige Weite und nichts als weißes Einerlei. Ein sehr schöner Irrtum, wie sich zeigen sollte! Aber der Anfang, der sich auch ganz und gar wie einer anfühlte, lag am Fuß des Tafelbergs, in Kapstadt.

Annäherung

--------unterhalb der Sehnsuchtswand------

Ausgangspunkt für Antarktisexpeditionen ist für die *Polarstern* traditionell Kapstadt, fast am Südzipfel Afrikas. Die Anreise von der Südspitze Amerikas – auch dorthin könnten Wissenschaftler und Crew per Flugzeug gelangen – wäre zwar wesentlich kürzer, aber das Alfred-Wegener-Institut schätzt Infrastruktur und Zuverlässigkeit des großen Hafens unterhalb des Tafelbergs.

Es macht einen Unterschied, von wo aus man einen Berg sieht. Beim Tafelberg, Kapstadts mythenumwehten Wahrzeichen, spürt man die Magie von der Hafenseite her am eindringlichsten, am besten von den Planken eines Schiffes aus. Von hier unten haben Generationen von Seefahrern aufgeblickt und ihre Wünsche und Sehnsüchte an die große Steintafel geheftet: Gebete für günstige Winde und glückliche Wiederkehr, und öfter wohl noch Kosenamen von Frauen und Kindern. Wenig südlich von hier fallen sich Indischer und Atlantischer Ozean in die Arme oder über einander her, je nach Großwetterlage.

Auf dem Peildeck der *Polarstern* drängen sich am 6.11.2004 ein paar dutzend Wissenschaftlerinnen und Wissenschaftler aus Belgien, Brasilien, Deutschland (die meisten), Finnland, Frankreich, Griechenland, Holland, Kanada, USA und Wales, um für rund zweieinhalb Monate Abschied zu nehmen. Gedanken sind – anders als die Spurenstoffe, für die es an Bord Spezialisten gibt – keine messbaren Einheiten. Und doch meint man, sie in den Gesichtern lesen zu können, während die *Polarstern* sich mit ihren kräftigen Seitenstrahlern von der Pier wegdrückt. Hier etwas Melancholie, da deutlich mehr »Jetzt geht's los!«-Stimmung.

Eis-Routiniers und Teilnehmer, denen noch keine Seebeine gewachsen sind, prosten sich zu. Die Luft ist lau, Südfrühling. Das Kreuz des Südens steht als großes Positionslicht achteraus am Himmel. Ich schaue hoch, und mich fröstelt, nicht vor Kälte sondern bei dem Gedanken, dass dieser Moment wohl auf der Netzhaut des inneren Auges stehen bleibt, für den Rest meiner Zeit. Nun ja!

Der Tafelberg, von starken Scheinwerfern aus der Dunkelheit gestanzt, irrlichtert noch eine Weile als bewegtes Aquarell auf den Wellen. Und über der Küste, die sich schon bald in blauem Dunst verliert, perlt es grün, rot und blau. Ein Feuerwerk, nicht für uns, aber wir annektieren es.

Gerhard Dieckmann, geborener Südafrikaner und Eisalgenspezialist des Alfred-Wegener-Instituts, hat Kap-Erdbeeren mit an Bord gebracht. Einige kugeln in Sekt, und jemand blödelt süd-, also eiswärts, wie sich wohl der Auftriebskoeffizient von Erdbeeren zu dem von Eisbergen verhält. Und als nach drei, vier Seemeilen die Dünung den fast 120 Meter langen Stahlleib erstmals schwingen lässt und die Küste nur noch eine Ahnung ist, wird eine andere Ahnung zur Gewissheit: Wir sind ab jetzt weg, und bald schon so weg, wie zumindest ich es noch nie war. Zweieinhalb Monate, die längste Zeit davon im Eis, in einer Weltgegend, in der eine Flugverbindung zu Krankenhäusern so unmöglich ist wie eine U-Bahnfahrt auf dem Mond.

Ich schaue zum Mast mit dem Krähennest: Diese beiden weißen Dome (Radoms) stellen unsere E-Mail-Verbindung während der ganzen Reise sicher. Wenn die Außenhaut der *Polarstern* eine erogene Zone hat, dann ist es die da oben. E-Mail für die Abgetrennten, bis ans Ende der Welt; eine unschätzbare Vergünstigung, für die all die Expeditionsteilnehmer vergangener Epochen gut und gerne ihre halbe Heuer gegeben hätten. Ich fixiere die beiden Dome und sende meine erste Mail – noch per Gedankenübertragung – nach Hause. Es sind ja nur noch 73 Tage. 73 schlappe Tage, das wäre nichts als ein kleiner Etappenabschnitt für die

Polarpioniere vergangener Zeiten gewesen. Die erste deutsche Antarktisexpedition, nach ihrem Leiter Erich von Drygalski benannt, verbrachte fast in Jahren gerechnet – 11. August 1901 bis 1. Dezember 1903 – die Zeit auf See und im Eis, die wir in Monaten unterwegs sein werden. Auch ihre *Gauss*, ein Dreimast-Forschungsschoner mit Hilfsmotor, startete von Kapstadt aus ins Polarmeer. In Kapstadt eichten die Wissenschaftler ihre für damalige Verhältnisse hochmodernen Magnetmessgeräte an den Vorgaben des örtlichen Observatoriums und waren im Übrigen heilfroh, dass der Burenkrieg nicht zu ihnen ins Hafenbecken schwappte. Ihr 46 Meter langes Holzschiffchen mit 325 Pferdestärken (die *Polarstern* hat 20 000) hatte damals einen üblen Ballast im Stauraum: Die Erwartung deutschnationaler Kreise und ihres Kriegsmarine-besoffenen Kaisers, die *Gauss* möge vor allem Ruhm und Ehre einfahren: Spektakuläre Entdeckungen waren gefragt. Und die Reichsflagge sollte nach Möglichkeit am Südpol aufgepflanzt werden, mindestens aber auf einem noch nicht zugeteilten Felskrümel im Meer.

Auch an ISPOL 2004/2005 knüpfen sich erhebliche Erwartungen. Keine nationalistischen zum Glück. Die wissenschaftlichen werden noch am ehesten zu erfüllen sein. Aber die Öffentlichkeit wird nur dann aufmerksam werden, wenn die Reizworte »Klimawandel« und/oder »Ozonloch« bedient werden. Darüber hinaus hätten allenfalls noch ein paar spektakuläre Entdeckungen auffälliger Tierarten publizistischen Marktwert. Ein neues Tiefseemonster würde vielleicht bis ins Feuilleton der wichtigsten Zeitungen vorschwimmen. Oder auch nicht.

Und meine Erwartungen? Ich will begreifen, was nur eben zu begreifen ist. Warum ist der gewaltige, 20 Millionen Quadratkilometer – Maximalausdehnung im Hochwinter – große Packeisgürtel um Antarktika so lebenswichtig für die Erde? Wie lebt es sich in diesem unwahrscheinlichsten aller Lebensräume: auf dem Eis, unterm Eis und – verblüffenderweise! – *im* Eis, das nicht massiv ist, sondern von Hohlräumen durchzogen? Was macht die Weddellsee für Ozeanographen wie Michael (Mike) Schröder, auch er einer der vier Planer von ISPOL, zu einem der spannendsten Meere überhaupt? Was bedeutet dieses gigantische Wasserförderband in die Tiefe, über das ich mir bruchstückhaft Wissen angelesen habe? Und wie war das noch gleich mit dem Gasaustausch zwischen Himmel, Eis und Wasser? Immens wichtig, weil ... weil ... wie war das noch gleich?

Ich sollte mich nicht vorab selbst entmutigen. Und wenigstens etwas spricht deutlich für mich: Die Scheu, dumme Fragen zu stellen, hat man sich in zweieinhalb Jahrzehnten Journalismus abtrainiert. Aber was nun, wenn diese überwiegend jungen Menschen weder Zeit noch Lust haben, einem alten Zausel wie mir geduldig Dinge zu erklären, die der doch wohl bitte selbst wissen sollte: Wozu ist so einer schließlich »Wissenschaftsjournalist«?

An diesem Punkt bereitete mir die Reise eine der schönsten Enttäuschungen meines Lebens: Nie zuvor war ich umringt von so vielen liebevollen Aushilfspädagogen, verwöhnt von so viel Bereitschaft, Dinge haarklein auseinander zu pulen oder – im Schlusssprung über den eigenen Wissenschaftlerschatten – genial zu vereinfachen.

Die gefürchteten *Roaring Fourties* röhrten ausnahmsweise einmal nicht, als die *Polarstern* sie Anfang November mit gleichmäßigen 13 Seemeilen (24 Stundenkilometern) durchquerte. Die internationale Gemeinde der Polarforscher lobt unisono die guten Fahreigenschaften des großen Forschungsschiffes.

noch 73 schlappe Tage

Hormone und Harmonie

Die ersten Erfahrungen an Bord sind gute Erfahrungen. Die Zwei-Mann-Kabinen sind zwar klein, aber zweckmäßig eingerichtet: zwei große rechteckige Bullaugen, die Gefängnisassoziationen gar nicht erst aufkommen lassen, Stockbettkojen mit ordentlichen Matratzen und Gardinenabschottung, Bordtelefon, Anschluss ans Bord-Intranet (sämtliche installierten und mitgebrachten Computer sind vernetzt und haben Anschluss an diverse bordeigene Datenbanken), Nasszelle mit Dusche, geräumiger Getränkekühlschrank. Nun ja, die Holzimitatpaneele an den Wänden, wie aus einem Campingwagen-Musterkatalog der Siebzigerjahre, sind von deprimierender Hässlichkeit. Dafür aber unbrennbar. Und die zwei großen Aluminium-Fotokisten meines Zimmergenossen für die nächsten Wochen, des Fotografen Ingo Arndt, nehmen erfreulicherweise so viel Platz ein, dass ich mich berechtigt fühle, den kleinen Schreibtisch ganz für mich zu beanspruchen.

Die Küche ist so gut wie der Ruf, der ihr vorauseilt, und damit zugleich eine Gefahr. Aber das Fitness-Studio auf dem F-Deck macht Hoffnung, dass man vielleicht mit etwas Disziplin verhindern kann, demnächst wie eine Presswurst in seinem Kälteschutzanzug zu stecken. In der ersten Nacht schuckelt mich mäßige Dünung in den Schlaf. Ingo plagen die Vorzeichen von Seekrankheit, die ihm die nächsten Tage unerbittlich zu schaffen machen wird. Merkwürdig ist das schon: Seekrankheit ist neben Skorbut und Heimweh eine der ältesten Schiffsbegleiter, und »die« Wissenschaft kann noch immer nicht sagen, wer warum seekrank wird und wer weshalb nicht. Ich als gänzlich Verschonter kann mit dieser Wissenslücke gut leben. Kleine Pflaster hinter den Ohren, die »Doc Holiday« (kein zutreffender Spitzname für einen Schiffsarzt!) austeilt, sollen zumindest halbe Wunder wirken.

Die Sicherheitseinweisung am ersten Tag auf See – Vollversammlung mit Schwimmwesten auf dem Hubschrauberdeck! – bestätigt, was inzwischen unübersehbar ist: rundum Wasser, das zwar noch freundliche 18 Grad warm ist, dem man aber nur sehr kontrolliert nahe kommen sollte. Sich nahe kommen ist das nicht offiziell angesagte, aber gleichwohl angesagteste Programm der nächsten Tage. Es gibt dafür erprobte Orte wie die Bordbar »Zillertal« oder den »Roten Salon«, gleich neben der Messe 1 (Essraum), aber auch die langen Arbeitsgänge, die Labore, die Flure, das Treppenhaus und die Brücke mit ihrer 25 Meter breiten Glasfront. Die Brücke der *Polarstern* ist – eine auf allen Weltmeeren seltene Vergünstigung – fast durchgängig Tag und Nacht für alle zugänglich. Und sie wird rasch zur Brücke zwischen Crew (Mannschaft) und »Wissis« (Wissenschaftlern), zwischen Zugeknöpften und Plaudertaschen, zwischen Wassermännern (Ozeanographen), Schneemännern, Eisheiligen und Plankton-Zoodirektorinnen, zwischen Windenführern, Elektronikern und Hubschrauberpiloten. Die beiden Letztgenannten haben auf der Brücke zusätzliche Sichtmonitore. Das große Panoramafenster zieht an, und irgendwann, nachdem zwei oder viele eine Zeit lang in die gleiche Richtung gespäht haben, schaut man sich auch in die Augen. Und das – wir greifen ein paar (Schäfer-)Stündchen vor – galt wohl im Besonderen auch für das obligatorische bordeigene Liebespaar. Von diesem Bindungsphänomen hatte man mir im Vorfeld der Reise viel zugeraunt. Betrachten wir es kühl, wissenschaftlich, analytisch: Eisschollen-Biologie kühlt die eigene Biologie nachweislich nicht unter die hormonelle Betriebstemperatur ab; und nach dem bekannten Bohrschen Atommodell mit der unbesetzten äußeren Schale – die bisherigen Besetzer sind ein paar tausend Seemeilen entfernt – sind Vereinigungen, wenn nicht gar Verschmelzungen, mit statistischer Wahrscheinlichkeit prognostizierbar. Die Suche nach Nähe – und hier ist wieder von der *allgemein* menschlichen die Rede! – bedeutet allerdings nicht, dass man sich nicht manchmal selbst der Nächste sein muss. Um der Wissenschaft willen, versteht sich. Bei der Verteilung der Laboratorien (mehrere Kategorien: nass, trocken, Chemie, kalt und sehr kalt) an die 19 unterschiedlichen Einzelgruppen spürt man denn auch durch alle artige Freundlichkeit hindurch so etwas wie Selbstbehauptungswillen: *survival of the fittest*. Und fit kann nur sein, wer seine Geräte und Versuchsanordnungen optimal positioniert.

Der wissenschaftliche Fahrtleiter, Michael Spindler, Professor am Institut für Polarökologie, Kiel, hebt denn auch »hörbar« die Augenbrauen im zentralen Vortragsraum, genannt »Kino«: Die in Bremerhaven notierten Anforderungen waren etwas moderater als der jetzt verkündete Bedarf. Aber weil das immer so ist, hat man vorsorglich gleich etwas mehr gebunkert. Bei den transportablen Container-Laboratorien gehen alle Wünsche in Erfüllung. Lediglich bei den zwei Chemie-Labors wird man sich arrangieren müssen. Auch unter dem Gesichtspunkt, dass nicht die eine Gruppe, etwa durch Lösungsmitteleinsatz, die Messergebnisse der benachbarten verfälscht. Crew und Wissenschaftler sind damit beschäftigt zu verschieben, zu wuchten und mehr oder minder dezent zu fluchen. Die Container, voll mit wissenschaftlichem Gerät, konnten in Bremerhaven beim Beladen natürlich nicht nach Nutzergruppen vorsortiert werden – Vorrang hatte die rationelle Ausnutzung des Stauraums. Die Auswirkungen werden jetzt offensichtlich: Spülsäume aus Kisten, Hartkartons und dergleichen verdichten sich in den Gängen, stauen die neu anbrandenden *tools*, blockieren den Abfluss aus den Ladecontainern. Schon ertönt der dringende Aufruf des verantwortlichen Offiziers Steffen Spielke, das Material möglichst zügig in die Laboratorien zu räumen oder in den zugewiesenen Stauräumen zwischenzulagern; nur so können die restlichen Container geleert werden.

Der staunende Laie begreift, dass Logistik vor allem mit Logik zu tun hat. Besondere Stoffe sind, wie international üblich, in Gefahrengutklassen unterteilt – wie Klasse 1 (explosiv), 6 (giftig) oder 7 (radioaktiv). Und was zuerst gebraucht wird, sollte auch zuerst wieder zugänglich sein. Kleines Zusatzproblem bei all dem: Die *Polarstern* trägt tief im Bauch noch Material, das für die nachfolgende Expedition gebraucht wird, die ebenfalls von Kapstadt starten wird. Ich habe dem sich erst langsam, dann aber zügig ordnenden Chaos zu lange fasziniert zugeschaut und dadurch den ersten Wal dieser Reise verpasst. Ich beschließe, mich an den Albatrossen schadlos zu halten, die mit lasziver Grazie über den Wellenkämmen auf und ab gleiten. Diesen Wundervögeln muss Dispens von der Schwerkraft ins Ei gelegt worden sein; wenn Vögel ganz allgemein fliegen, braucht man für das, was Albatrosse über den

Wogen anstellen, ein anderes Wort, eines, das mir fehlt. Auf dem Peildeck über der Brücke ist es schon empfindlich kühl, erster Hinweis darauf, dass die Kaltzonierung auf der Südhalbkugel, verglichen mit ihrem Pendant im Norden, weit in Richtung Äquator verschoben ist. Die Schönflieger auf Höhe der obersten Reling lösen fachübergreifende Diskussionen aus: Waren das schon Mollymauks, Albatros-Gestalten der *Roaring Fourties*, die wir erst knapp erreicht haben? Und Segler zu Wasser gibt es auch. Fingerlange Staatsquallen – »Segler im Wind«, so ihr romantischer Populärname – ploppen wie dunkelblaue Kondome im aufgequirlten Wasser nach oben. Sie wären wohl niemandem aufgefallen, wenn Markus Eßer aus der Gruppe der Wissenschaftstaucher nicht auf sie aufmerksam gemacht hätte. Die hundert Augenpaare auf der *Polarstern* sind eine Kette aus Sensoren, denen wenig entgeht.

Wenn man eine Sprache nicht schulmäßig erlernt hat, sondern abrupt in ihren Sprachraum geworfen wird, pickt man sich unwillkürlich diejenigen Worte zuerst raus, die um einen herum am häufigsten benutzt werden. Auf der *Polarstern* gehört zu dieser Gruppe der fachlichen Allerweltswörter: ßie-tie-die – oder englisch: CTD. Die Abkürzung bezeichnet *conductivity* (Leitfähigkeit, das Maß für Salzgehalt), *temperature* und *density* (Dichte = Schwere des Wassers). Anhand dieser drei Charakteristika können Ozeanographen im Meer lesen, es bis zum Grund durchschauen, vermögen Tiefenströmungen zu erkennen, Schichten zu bestimmen und aus all dem erstaunliche Diagramme und Kurven zu fabrizieren. Die CTD ist den Ozeanographen, was die Schaufel den Archäologen. CTDs werden »gefahren«, das heißt, vom Schiff wird bei Bedarf bis in 6000 Meter Meerestiefe vom Arbeitsdeck aus eine so genannte »Rosette« abgeseilt, ein stabiler Metallring, voll gesteckt mit 24 Taucherflaschen-ähnlichen Behältnissen. Dazu eine Sonde, deren Messdaten sich im Windenleitstand auf den angeschlossenen Computern zu charakteristischen Profil-Kurven krümmen. Die Einzelflaschen können wahlweise in den unterschiedlichsten Tiefen geflutet werden und kommen dann als gedeckelte Proben an die Oberfläche. Nach diesem Wasser lechzen mehrere Gruppen an Bord.

Dass Oliver Huhn von der Universität Bremen der Erste ist, der mir seinen Tiefenwasserdurst erklärt, hat mit existenzieller Not zu tun: Ertrinkende strecken sich nach potenziellen Rettungsringen. Und das kam so: Bei den allmorgendlichen Kurzvorstellungen der einzelnen Wissenschaftsgruppen im »Kino« – in exzellentem, sehr gutem, gutem, anständigem, mäßig gutem oder schlechtem Englisch – spüre ich schubweise Herzkranzverengung und unkontrollierte Synapsen-Gewitter im zentralen Nervensystem; die Notabschaltung, irgendwo im Neokortex oder in der Magengrube, springt auf Müdigkeit, das Augenwasser trocknet proportional zur Formel- und Diagrammdichte, die per Powerpoint auf die Leinwand geworfen wird. Zu viel, zu schwer, vor allem aber: zu viel auf einmal!

Da sehe ich Oliver – seit etwa der zweiten Fahrtwoche nur noch »Olli« – neben mir, wie er (ich glaube, es ging um Flux und Dimethylsulfid-Produktion von Meeralgen sowie resultierende Einflüsse auf Wolkenbildung und Albedo) in seinem Stuhl hängt, die leptosome Figur leicht vorgeneigt,

- - - - - - - - - - - - - - das verstehe, wer will - - - - - - - -

und mit den Fingern den Pferdeschwanz zwirbelt. Und Olli stoßseufzt: »Das versteh, wer will!« O Zauberwort! O Wonne! O Tröstung! Veritable, hoch trainierte Experten verstehen ihre Kollegen aus der Nachbardisziplin bisweilen genauso wenig wie ich, der hauptberuflich Naive an Bord! Und als dann wenig später Ollis Vortrag über *tracer* (Spurenelemente) vergleichsweise verständlich gerät, weiß ich: Hier den ersten Notanker aufs Eis werfen: auf dieses Glatteis, das zu begehen ich mir zugetraut habe. Die Spuren, nach denen Oliver Huhn im Weddell-Meerwasser suchen will, heißen FCKW und He: Fluorchlorkohlenwasserstoffe, einschlägig als Verursacher des Ozonlochs berüchtigt, und das Edelgas Helium. Beide sind nur in homöopathischer Verdünnung im Meerwasser vorhanden, aber beide sagen etwas aus, legen eine lesbare Spur. Dass FCKW und He überhaupt aus der Luft ins Meer geraten, hat mit einem Phänomen zu tun, für das es ausnahmsweise mal ein anschauliches Wort gibt: Lösungsgleichgewicht. In der oberflächennahen Meeresschicht – etwa in den ersten 100 Metern – stellt sich innerhalb weniger Wochen dasselbe Gasgemisch ein wie über dem Wasser. Mit einem Satz: Es herrscht *Lösungsgleichgewicht* zwischen der Atmosphäre und der obereren Wasserschicht.

Im südlichen Weddellmeer, genauer, im Bereich des antarktischen Kontinentalsockels, muss dieses Gleichgewicht allerdings immer neu hergestellt werden, und zwar deshalb, weil das Oberflächenwasser hier etwas tut, das es nur an vier ausgesuchten Punkten im Weltmeer macht: Es stürzt bis zum Meeresboden ab und befördert folglich auch Ollis *tracer*, FCKW und Helium, mit sich nach unten. Wie kann man sich das vorstellen? Vom »großen Fahrstuhl« war in diesem Zusammenhang die Rede. Ein Wasserfall im Meer?

Einer der unschätzbaren Vorteile dieses schwimmenden Instituts liegt darin, dass der zur jeweiligen Frage passende Experte maximal 100 Meter Luftlinie entfernt sein kann. Den gigantischen Wasserfahrstuhl abwärts an den Grund der Tiefsee, Impulsgeber für das transglobale Strömungssystem, will mir an einem der nächsten Abende Mike Schröder erklären. Vorerst weiter mit Ollis Spurenelementen. Man weiß, welche FCKW-Konzentrationen – leider stetig steigende – in den letzten Jahren zu verzeichnen waren, und man kennt die Richtungen, in die sich die Tiefenströmungen bewegen. Wenn man nun im Jahre 2004 weit nördlich des Weddellmeeres, beispielsweise auf Höhe der Azoren, eine signifikante FCKW-Konzentration findet – eine Mengenverteilung, wie sie beispielsweise für das Jahr 1998 typisch war –, lässt sich leicht errechnen, wie schnell sich das ehemalige Weddellmeer-Oberflächenwasser nach seinem Sturz in die Tiefe bis zum Fundort ausgebreitet hat. Die FCKW-Signatur für 1998 ist ja mittransportiert worden: Das Wasser trägt das Datum seines Absinkens von der Oberfläche wie einen Strichcode mit sich herum. Das ist fast so, als hätte man auf einem abtauchenden U-Boot die Stoppuhr gedrückt. Auch Helium-markiertes Wasser trägt – allerdings nur für Kundige lesbar – seine Geburtsurkunde bei sich. In bestimmtem Verhältnis erhöhtes Helium-Vorkommen in einer Wassermasse von definierter Größe verrät dem Forscher etwas über die Abstammung dieses Wassers. Bei einer bestimmten Helium-Konzentration im Meer weiß der Experte, dass er es zum

Beispiel mit einer Wassermasse zu tun hat, die aus Schmelzwasser vom Gletschereis-Kragen gebildet wurde, also von der Schelfeis-Unterkante stammt, von dort, wo sich von Antarktika aus Gletschereis ins Meer schiebt. Dieser Stoff, aus dem die Eisberge gemacht werden, war einmal Schnee, der auf den sechsten Kontinent gefallen ist und in Jahrtausenden zu Gletschereis verpresst wurde.

Im Personenfahrstuhl der *Polarstern*, der in 28 Sekunden die fünf Etagen vom B- zum Maschinen-Deck hinabsurrt und dort mit einem charakteristischen Erleichterungspfiff stehen bleibt, denke ich über die Aussagekraft von Bildern nach: »Großer Wasserfahrstuhl«? Gut und schön? Aber wer zieht, was treibt oder schiebt ihn an? Wenn etwas im großen Stil bewegt wird – und es heißt, im Weddellmeer sinken pro Sekunde bis zu vier Millionen Kubikmeter Wasser am schrägen Kontinentalsockel Richtung Meeresboden –, dann muss doch, normalerweise, enorm viel Energie eingesetzt werden. Aber welche? Und woher kommt sie? Habe ich nicht irgendwo gelesen, dass die großen Energieströme eher am Äquator unterwegs sind und nicht in den Kaltgebieten der Erde? Was also befördert Ollis *tracer* von der Oberfläche des Weddellmeeres in alle Unterwasserwelten?

Mike Schröder, Ozeanograph am Alfred-Wegener-Institut, hat versprochen, mir die Sache mit dem absinkenden Wasser »ma´n büschn zu verklaa´n«. Immerhin handelt es sich dabei um den Dreh- und Angelpunkt der Weddellmeer-Ozeanographie. »Also, das ist gaaaanz einfach… im Prinzip!«, sagt Mike und feixt über den Rand seiner Brille hinweg. War das nun ein Versprechen oder eine Drohung?

Mike, Ende vierzig, leicht amphorische Gestalt, wunderbar nöliger Kieler Akzent, ist ein Meister der schwebenden Ironie. Wenn jemand in diesem Tonfall »Jetzt-spreche-ich-als-Wissenschaftler« ansetzt, kann Mike ihm die Luft ablassen, ehe er noch ausgeatmet hat – mit einem schrägen Lächeln über seine Brillengläser hinweg. Von ihm stammen die Spitznamen »Das Schweigen – Teil 1« und »Das Schweigen – Teil 2« für zwei Wissenschaftlerinnen an Bord, die nur eine kleine Teilmenge der ISPOL-Mitreisenden während der zweieinhalb Monate dauernden Expedition wahrhaftig und leibhaftig *sprechend* erlebt hat: eine Russin, die keine Fremdsprache beherrscht und deshalb beinahe tragisch isoliert war, und eine extrem introvertierte Finnin, eine Klimaexpertin. Um das künftige Weltklima geht es unter anderem während dieser Reise. Für das Betriebsklima – sehr viel überschaubarer als das globale, aber ebenfalls sensibel – sind zwei, drei Mikes and Bord die schiere Gnade: Man trifft sie in der Messe, in den Gängen, auf Deck, und verlässt sie mit einem Lächeln. Mit so einem nach innen gerichteten Lächeln, das ein paar Stunden vorhält. Ein anderer zuverlässiger Gemütsaufheller an Bord ist David Thomas, Eisgeochemiker aus Bangor/Wales, einer, der so pointiert formuliert – britisch trocken, mit einem kräftigen Spritzer Selbstironie –, dass einem jedes Mal die Hand zum Kugelschreiber zuckt. Kein Wunder, dass David nebenbei journalistet und regelmäßig Wochenberichte für eine englische Zeitung absetzt. Und als anlässlich einer Live-Schaltung der BBC ins antarktische Eis plötzlich unter den jugendlichen Fragestellern seine kleine Tochter am Mikrofon ist, verdrückt er eine Träne, die ich gern als Souvenir mit von Bord genommen hätte.

Die ersten Eisberge passiert die *Polarstern* auf 48 Grad südlicher Breite; das entspricht auf der Nordhalbkugel der geographischen Höhe von München und Wien. Dass der Süden seinen Kältegürtel breiter und höher trägt als der Norden, hat mit der nordlastigen Verteilung der Landmasse zu tun.

ein Fahrstuhl unter Wasser

Der Weddellwirbel zwingt Eisberge in einen großen Uhrzeiger-Rundkurs. Aus einem weißen Hochplateau von der Größe des Saarlands kann im Laufe mehrjähriger Eisbergwanderschaft ein Relikt, ein eisiger Zeugenberg werden: *Monument Valley on the rocks*.

Wo die Giganten eintauchen, schimmert bei strahlender Sonne das Meer ultramarinblau (Seite 24/25). Der Surf des südpolaren Ozeans hat sich in die Flanken eingraviert.

Die sprichwörtliche Spitze des Eisbergs ist anfangs flach (Seite 26/27). Eisberge sind abgebrochenes verpresstes antarktisches Festlandeis – Gletscherbrocken, die ins Meer hinausdriften.

Eisberge im Ärmelkanal?

Es gibt Rituale auf der *Polarstern*, die sich in mehr als zwanzig Jahren Eisfahrt verfestigt haben: Der erste Eisberg wird von der Brücke ausgerufen und mit großem Hallo begrüßt. Unser erster lugte am 10. November auf Steuerbord voraus über den Horizont, 48° 50' südlicher Breite, 5° 26' östlicher Länge, ein unscheinbarer Krümel, aber ein Vorbote und damit größter Aufmerksamkeit sicher. Acht-und-vier-zig Grad! Das ist auf der Nordhalbkugel die geographische Höhe von München und Wien; und die raunende Bemerkung lag nahe: »Wenn der Golfstrom tatsächlich kollabiert, dann haben wir die Dinger im Ärmelkanal.« Einen halben Tag und eine Nacht später – noch trennt ein wenig Dunkelheit den Abend vom Morgen – und wir sind mitten unter ihnen. Links und rechts ... O wie peinlich! Backbord und steuerbord natürlich, das sollte nun langsam mal klappen ... treiben sie vorbei. David Thomas hat wieder mal – wie schon auf all seinen vorangegangenen Reisen ins große Weiß – den bedingten Reflex im rechten Auslöserfinger. Und hatte er seiner Frau nicht vor Reisebeginn versprochen, keine Eisberge mehr zu fotografieren! So eine Zusage ist schwerer zu halten als ein Treueversprechen.

Mein erster Großer aus der Nähe ist ein Charakterdarsteller, ein Gigant, Wiedergänger aus meinen Kindheitsträumen. Wo er eintaucht, schimmert das Wasser ultramarinblau. Seine Stirnseite trägt ein blendend weißes Dach, darunter einen weit vorkragenden Erker. Fliegende Wolkenschatten lassen seine Flanke vibrieren. Querab auf gleicher Höhe pulst der Ozean über einen vorgelagerten Wellenbrecher aus Blaueis. Das Meer hat sich die kleine Barriere – Moment, was heißt klein? Sie ist fünf Meter hoch, nur der Gigant dahinter lässt sie klein erscheinen – in einer Weise zurechtmodelliert, die es schwer macht, nicht an Naturgeister zu glauben, an irgendwelche Wesenheiten, die ihren Kunstsinn oder ihren Spieltrieb befriedigen: eine Riesenelchschaufel aus Porzellan oder die Wissower Klinke, von Rügens Kreideklippen bis ans Ende der Welt abgetrieben. Und das war noch nicht mal das Beste. Unser Schiff hat die steile Flanke, die ehemalige Abbruchnaht vom Schelfeis, passiert, und nun fällt der Blick auf die rückwärtige Schmalseite. Die fehlt.

Statt einer Eiswand ein Spitztor, halb kirchturmhoch, und dahinter eine Lagune mit kleineren Eistoren, hinter denen es intensiv blau glimmt. Zu beiden Seiten sprüht Gischt über sanft gewellte Schneestrände. »Die alten sind die schönsten, an denen hat das Meer schon jahrelang gearbeitet«, sagt David, der – das digitale Zeitalter enthemmt, und seine Frau ist weit – doch wieder eine Serie geschossen hat. Eisberge driften nicht einfach so durch die Gegend. Sie folgen bestimmten Zugstraßen, die von AWI-Forschern wie Michael Schodlok genauer erforscht werden, vorzugsweise mit Eisberg-Sendebojen. Verlassen die Abbrüche des antarktischen Eispanzers den großen Weddellwirbel, der sie schließlich hinaustreibt in den antarktischen Zirkumpolarstrom? Oder machen einige bis zu ihrem natürlichen Tod im Meer die große aufreibende Rundreise mehrfach, gefangen in einer riesigen rechtsdrehenden Strömung, der gleichen, von der sich die *Polarstern*, an eine Scholle geheftet, ein Stück weit mitnehmen lassen will? Vorerst konzentriert sich das Interesse auf buchstäblich näher liegende Fragen, besonders auf eine, die jeden an Bord betrifft. Was

ANNÄHERUNG

das Geschenk des Sturms

Sturm und Wellenschlag, Tauwetter und Frost können Eisberge in einer Weise skulptieren, dass man schöpferische Absicht oder Gestaltungskraft am Werke wähnt.

ist mit der angesagten Sturmfront, die sich südwestlich von uns, also genau in Fahrtrichtung, aufgebaut hat? Das Satellitenfoto zeigt erheblich gekringelte Wolkenwirbel, von denen sich die Ahnungslosen und von Seekrankheit Verschonten an Bord ein grandioses Erlebnis, die Erfahreneren eine durchaus verzichtbare Rüttelkur erwarten. Bange Frage: Müssen alle Geräte »nachgelascht« (speziell gesichert und fest verschnürt) werden?

Kapitän Uwe Pahl hat sich mit dem wissenschaftlichen Fahrtleiter Michael Spindler und dem Bordmeteorologen Karl-Heinz Bock beraten und beschließt, das Tief südlich zu umfahren. Statt der langen Geraden zwei annähernd rechtwinklig angeordnete Achsen, in deren Schnittpunkt die Insel Bouvet liegt. Ein unerwartetes Geschenk. Diesen Felsnasenrücken, von dem es heißt, er sei der entlegenste überhaupt (54° 25' S / 3° 21' O), umweht der Mythos der verlorenen Insel. Die gebirgige Lavaschuppe des südwestindischen Rückens, die bis zu 870 Meter über die Meeresoberfläche aufragt, wurde am 1. Januar 1739 von Monsieur Bouvet de Lozier beschrieben, leider mit erheblich falscher Ortsangabe, und deshalb lange vergeblich wieder gesucht. Unter anderem von Captain James Cook. Bouvet nannte die Felsbastion im Meer »Beschneidungsinsel« – der 1. Januar, Tag der Sichtung, soll der Beschneidungstag Jesu gewesen sein. Geblieben ist von dem etwas bemüht klingenden Namen das »Circumcision Cap«, der vorspringende Nordwestzipfel der Insel, zu dem sich nun jeder sein Teil denken kann. Das Stück Land versank buchstäblich für etliche Seefahrergenerationen im Nebel, und noch auf den heute gebräuchlichen Seekarten finden sich die Inselumrisse falsch verzeichnet. Am 23. Januar 1938 erklärte die Norwegische Krone das unbesiedelte Eiland zu ihrem Eigentum, und bisher hat niemand widersprochen. Die Norweger unterhalten einen Biwakcontainer in spektakulärer Steillage für gelegentliche Forscher-Eremitagen. Und wer auf oder vor Bouvet messen oder Proben nehmen will, braucht eine Genehmigung aus Oslo. Uns präsentiert sich das Eiland – das angeblich immer nebelige – als Rhapsodie in Meerblau, Eis und Sonnenlicht. Aus der Ferne betrachtet verschwimmt eine linsenförmige Riesenwolke mit dem Gletscherrücken und verschleiert die Konturen. Die Vorbeifahrt enthüllt ein Panorama aus sanft gewellten Eisrücken und schroffen Felsabstürzen. Gestrandete Eisberge aller Größen und Farben, die auf Bouvets kleinem Schelf aufsitzen, werden von der Strömung zu einem Skulpturengarten arrangiert. Ein Eisbergfriedhof: im Hintergrund der verhüllte Reichstag von Christo, davor liegt ein Drachenkopf im Wasser, dem das polare Meer Riefen in die Haut geschlagen hat, ganz in der Ferne ein weiß gefärbter Ausschnitt aus Utahs Monument Valley. Zügelpinguine haben ihre Lieblingsplätze kackbraun markiert. Blaue Natureisbojen, die von innen erleuchtet scheinen, flankieren den Durchlass des Meeres zu den Inselkliffs. Und dann – es ist schier nicht auszuhalten – zerstäubt auch noch der Blas eines Wals über den Wogen. Die auf Augenhöhe an der Peildeckreling vorbeifliegenden Riesensturmvögel, Albatrosse und Arktischen Seeschwalben beobachten uns Beobachter beim Beobachten. Die alte Goethesche Sehnsucht, den schönen Augenblick zum Verweilen zu bewegen, wird von dutzenden von Digitalkamera-Besitzern beschworen; die Bilder finden sich schon Stunden später über die Bordbildschirme ausgebreitet. Letzter Blick zurück. Bouvet schwebt auf einem Dunstschleier, der sich um die kalte Küste legt. Darüber bläut ein unverschämt blauer Himmel. Und das alles im Vorfeld eines ominösen Tiefs? Ich schließe bei Dämmerung, die hier schon bis 22 Uhr auf sich warten lässt, meine Tagebuchnotizen mit einem Stoßgebet: Danke, lieber Sturm! Auch wenn du mich demnächst doch noch über eine Kloschüssel gebeugt finden solltest, ohne den von dir angestoßenen Kapitänsentschluss zur Kursänderung hätte ich diesen magischen Pol nicht gesehen. Um null Uhr ist für mich Bettruhe vor dem Sturm, der an seinem Südostrand dann doch kein Sturm mehr ist sondern nur noch Starkwind. Die *Polarstern* stampft etwas heftiger, aber keineswegs hektisch. Tiefs hatten bis in jüngste Vergangenheit weibliche Namen, zumindest die Tiefs, die von »Tagesschau« und »heute« ein paar Sekunden Sendezeit eingeräumt bekamen. Irgendetwas reizt mich, diesem Tief, das eigentlich ein Hoch bedeutete, einen Namen zu geben. Ella vielleicht. Enkelin Ella, deren ersten Weihnachtsbaum ich verpassen werde, ist zu diesem Zeitpunkt eindreiviertel Jahre alt und viele tausend Kilometer entfernt. Gute Nacht, Ella! Schlaf gut!

13. 11. 2004. Die Eiskante ist nicht mehr allzu weit entfernt. Wer sie schon im Voraus sehen will, muss sich nur über die Satellitenfotos beugen, die die Bordmeteorologen der *Polarstern* regelmäßig ins Intranet stellen und ausgedruckt an ihrer »Wetterbude« unter der Brücke aushängen. Das Eis soll mich nicht ganz unvorbereitet finden, ich habe viele neue Vokabeln gelernt: Nilaseis, Pfannkucheneis, Aufeis, Säuleneis, Fingerrafting-Eis und so weiter. Vokabeln, zu denen mir jetzt nur noch die Anschauung fehlt. Aber die entscheidende Frage, was das Eis – das treibende Packeis ebenso wie das an Land verankerte Schelfeis – mit dem Meer darunter macht, hat für mich noch immer ein paar Fragezeichen zu viel. Zeit für die angekündigte Nachhilfestunde bei Mike Schröder. Mike hat für mich eine Schemaskizze entwickelt, von der er sich wünscht, dass sie mal ein guter Grafiker ins Reine zeichnet.

Wer den großen Weddellmeer-Fahrstuhl verstehen will, muss sich zuvor ein paar grundlegende Dinge in Erinnerung rufen. Kaltes Wasser ist dichter als wärmeres und damit schwerer. (Wir erinnern uns schwach an fast vergessene Physiklektionen: Bei Kälte ziehen sich Stoffe zusammen. Mehr Moleküle auf gleichem Raum bedeuten mehr spezifisches Gewicht.) Süßwasser gefriert bekanntlich bei null Grad, obwohl es, anders als alle anderen Flüssigkeiten auf unserem Planeten, bei plus vier Grad am schwersten ist. Wäre dem nicht so und sackte nicht dauernd schweres, vier Grad kaltes Wasser nach unten, frören unsere Teiche und Seen von unten nach oben zu.

Meerwasser gefriert bei –1,87 Grad. Aber auch im Meer gefriert immer nur Wasser und nicht Salz. Salz und andere Mineralien werden, wenn sich Eiskristalle bilden, buchstäblich weggedrückt, teils unter die Eisschicht, zu einem erheblichen Teil aber *ins* (!) Eis. Dort wird das »Nicht-Gefrierbare« als Salzlauge in winzigen Kanälen und Kammern eingelagert. Die im Eis gefangene Flüssigkeit heißt Sole oder, gebräuchlicher und auf Wissenschaftsenglisch: *brine*. *Brine* kann erheblich salziger sein als Meerwasser.

Jenseits der Fünfzig-Grad-Marke südlicher Breite ist im Polarfrühling noch genügend Dämmerung vorhanden (Seite 33 und 34/35), um magisches Licht über den stillen Driftern auszugießen. Ein Fünftel bis ein Achtel der Eismasse schwimmt eingetaucht.

-----bleibt die Frage nach der Steckdose----

Gerät die Salzlauge (*brine* oder Sole) nun ins Meerwasser, wird die obere Wasserschicht mit Salz angereichert. Das geschieht beim Gefrieren im Winter – wie gesagt durch »Wegdrücken« des Salzes teils unter die Gefrierschicht – oder beim Tauen, wenn erwärmtes Meerwasser die mürbe werdenden Schollen aushöhlt und die Kanäle der *brine* auslaufen. Das mit Salz angereicherte Wasser unterm Eis ist dichter und damit schwerer. Es sinkt ab. Der Fahrstuhl nimmt Fahrt auf. Erheblich beschleunigt wird seine Abwärtsbewegung vom Schelfeis, dem Süßwasser-Eispanzer, der vom Festland aus ins Meer vorragt. Relativ warmes Atlantikwasser wird vom Zirkumpolarstrom in den Weddellwirbel gesogen und schließlich unter das Schelfeis gedrückt. Dort wo es auf das Süßwassereis – das heißt auf den zu Gletschereis verpressten, teils uralten Schnee Antarktikas – trifft, taut das ursprüngliche Atlantikwasser das Eis oberflächlich an. Kaltes, süßes Schmelzwasser, leichter als das umgebende salzige, steigt auf, vermischt sich mit dem normal salzigen Umgebungswasser und sinkt als kaltes, dichtes Wasser bis zum Weddell-Meeresboden ab. Die besondere Unterwasser-Topographie, der geneigte Festlandssockel als große Rutsche, begünstigt den Wasserfall im Meer. Schon Erich von Drygalski gelang Anfang des 20. Jahrhunderts der Nachweis, dass polares Wasser vom Schelfmeer bis auf 50 Grad südlicher Breite vordringt, eine von vielen frappierenden Entdeckungen des deutschen Pioniers, die auf längere Zeit in den Archiven begraben wurde.

Bleibt die Frage nach der Steckdose. Die notwendige Energie für den Fahrstuhlbetrieb liefert das vom Norden einströmende Wasser, das mit etwas 1,5 Grad zwar kalt ist, aber *relativ* warm gemessen am Normalwasser des Weddellmeers. Die besonderen lokalen Verhältnisse – vor allem der erhöhte Salzgehalt unterm Eis – machen das Unwahrscheinliche möglich: Ein sehr kleines Temperaturgefälle setzt einen gigantischen Fahrstuhl in Betrieb – wie gesagt, bis zu vier Millionen Kubikmeter Meerwasser pro Sekunde bewegen sich abwärts. Und der permanente Schwall nach unten nimmt so einiges an Nährstoffen mit, an Spurenelementen, an Biomasse, an DOM (eine von den wichtigen Vokabeln, die ich lernen muss!), aber auch an Gasen. Darunter das Treibhausgas Kohlendioxid (CO_2), das wir Menschen gerne in größtmöglichen Mengen verschwinden sehen. Dieser Abtransport im großen Stil macht das kalte Weddellmeer zum heißen Forschungsgebiet. Vielleicht zum wichtigsten Meer der Welt überhaupt. Und gerade deshalb hält die *Polarstern* Kurs auf die Eiskante. Morgen sollte sie schon vor uns liegen.

14. 11. 2004: Die Eiskante, endlich! Es ist gar nicht mal so sehr die Vorfreude auf den (Arbeits-)Platz an der Mitternachtssonne, die viele Wissenschaftler an Bord freudig stimmt; zwischen unserer Position wenig nördlich des 60. Breitengrades und unserem Ziel, einer passenden Scholle irgendwo auf 68 Grad, liegen immerhin noch gut 1700 Seemeilen (1 Seemeile = 1,8 Kilometer) durchs Packeis. Worauf sich viele freuen, ist das Ende von Seegang und Dünung, besonders natürlich die, die bisher trotz Pflaster hinterm Ohr und diverser »tausendfach erprobter Mittel« die Seekrankheit nicht ganz abschütteln konnten. Erleichterung deutete sich schon eine Tagesetappe vor der Eiskante an. Zwar wühlte ein ausgewachsener Sturm mit

das Glas beschlug vor Bestürzung

Stärke zehn die See auf, aber die *Polarstern* lag angenehmer, magenfreundlicher im Wasser als die Tage zuvor. Das klingt unlogisch und war doch erfahrbare Wirklichkeit: Bei Winden um fünf Beaufort war es weit unangenehmer als jetzt bei doppelter Windgeschwindigkeit und überkommender See, die mit Spritzwasser bis zur Brücke, 20 Meter über der Wasserlinie, hinauf leckt. Wie das?

Kapitän Uwe Pahl, der bereitwillig nautisches Grundwissen an Brückenbesucher austeilt, erklärt, warum: »Der Wind kommt vom Eis, und die verbliebene Strecke zwischen uns und der Eiskante ist schon zu gering – wir sagen, der *fetch* ist zu kurz –, als dass sich da noch richtig Dünung aufbauen könnte.« Und es ist ja die Dünung mit ihren charakteristisch langen Wellen, die den Dauerangriff auf das menschliche Gleichgewichtsorgan vorträgt. Natürlich gibt es eine Reihe von Gründen mehr, sich auf die eisige Weite zu freuen. Adeliepinguine zum Beispiel, die irritiert die Köpfe zusammen stecken, wenn sich die *Polarstern* einen Weg an ihnen vorbeibricht. Oder Minkwale, die in den Eisrinnen Salut blasen.

Eine Klasse für sich sind die Rußalbatrosse, deren Flugkunst schon Vater und Sohn Foster begeisterte, zwei deutsche Forscher, die mit Captain Cook 1773 bis auf unglaubliche 67 Grad südlicher Breite vordrangen. Ihre Freude angesichts der Überflieger hinderte sie allerdings nicht daran, mit dem Gewehr eine Halblebend-Probe zu nehmen. Die Seeleute an Bord nannten diese Charaktergestalt des Südmeers Quäkervogel, nach dem dunkelbraunen Habit, der von einer nordamerikanischen Glaubensgemeinschaft bevorzugt wird. Die Fosters ließen sich davon bei ihrer wissenschaftlichen Namensgebung inspirieren: *Diomedea palpebrata* – leichtmanteliger, rußbrauner Albatros. Fast mehr noch begeistern mich die ersten Schneesturmvögel, blendend weiße Botschafter Antarktikas auf Besuch in den nördlichen, treibenden Provinzen, die der Südsommer schon bald für das freie Meer zurückerobern wird. Später verlieren diese hingehauchten Gestalten für mich etwas von ihrer Reinheit: Sie haben sich – das Fernglas beschlug vor Bestürzung! – auf das spezialisiert, was Robben unter sich lassen.

Hauke Flores, Doktorand an der Universität Groningen/Texe ist ebenfalls auf *faeces* aus, so der vornehmere wissenschaftliche Name für Endprodukte des Stoffwechsels. Er möchte Kot von möglichst allen antarktischen Warmblütern, die uns begegnen. Hauke will den schon länger gehegten Verdacht der Wissenschaft erhärten, dass Krill zumindest nicht unangefochten und quasi exklusiv das Ein und Alles des antarktischen Nahrungsnetzes ist. Etliche warmblütige Fleischfresser gedeihen sehr gut auch dort, wo es nie oder nur sehr saisonal Krill gibt. Vielleicht wackelt ja die Lehrbuchbehauptung von den »Antarktis-typischen kurzen Nahrungsketten« ein wenig, und Hauke kann etwas mitrütteln. Ob es gleich zu einem Paradigmenwechsel reicht, muss sich erweisen. Die Polarforscher haben sich im Laufe der Jahre von einigen scheinbar unumstößlichen Tatsachen verabschiedet. Zum Beispiel der, dass Eisberge immer aus vergletschertem Schnee gemacht sind und weiß, bzw. grau bis dunkelgrau dahindriften. Für Gerhard Dieckmann, der schon vor etlichen Jahren grüne Eisberge fotografiert und untersucht hat, ist die zufällige Wiederbegegnung mit zweien dieser Sonderlinge ein willkommenes

stählerner Schüttelfrost

Déjà-vu. Ein grüner Eisberg ist eine echte Rarität, ein Saphir unter Halbedelsteinen. Und er ist meergeboren. Gerhard Dieckmann hat herausgefunden, dass im Meer gebildetes so genanntes Plättcheneis unter der Schelfeiskante aufschwimmt und dort festfriert. Mit anderen Worten: Marines Eis heftet sich unter jenen klassischen Stoff, aus dem die Eisberge sind: unter den weit ins Meer wachsenden Gletscherkragen Antarktikas, der seinerseits nichts anderes ist als verpresster Schnee vergangener Jahrtausende. Wenn nun so ein Zweischichten-Teil vom Schelf abbricht (kalbt, sagen »wir« Experten), ist ein Eisberg geboren, der, sehr im Gegensatz zu seinen vielen Mitwanderern im rechtsdrehenden Weddellwirbel, eine Grundierung aus marinem Eis hat. Bleibt die dort, wo sie einmal »angeschweißt« wurde – also tief unten im Bereich jener sechs Zehntel, die ein Eisberg eingetaucht schwimmt –, dann wird von seinem doppelten Boden nichts sichtbar.

Aber Eisberge sind Sturm und Wellen ausgesetzt, werden angeschlagen und schließlich zerkrümelt. Wenn große Brocken abgesprengt werden, verlagert sich unter Umständen der Schwerpunkt des Eisbergs so, dass sich das Untere nach oben kehrt. Eisberge können kentern. In diesem Fall, der an der Schwimmfähigkeit natürlich nichts ändert, kann anschließend die ehemals meereisige Unterseite nach oben weisen. Aber ihre flaschengrüne Farbe gibt noch Rätsel auf; erste Analysen erbrachten keine Hinweise auf eingelagerte farbgebende Stoffe. Driftet eine solche Erscheinung vorbei, die sich mit gängigen Erklärungen bisher nicht fassen lässt, ist das für die versammelten Experten ein willkommener Anlass, auf der Brücke der *Polarstern* verschiedene Thesen gegeneinander abzuklopfen: Lichtbrechungsphänomene? Oder doch farbige Substanzen, die man bisher übersehen hat? Eisalgen jedenfalls scheiden definitiv aus, da ist sich der Biologische Ozeanograph Gerhard Dieckmann sicher. Die Diskussion läuft sich fest, genau wie wenig später die *Polarstern*. Der nördliche Eisrand ist im Polarfrühling stark angetaut, das Eis pappig, und es klebt am Rumpf unseres Forschungsdampfers fest – *porridge ice* sagen die Briten. Außerdem bremst die dicke Schneeauflage den breiten Stahlrumpf. Unser Schiff steckt.

Die *Polarstern* steckt. Ein Rütteln geht durch den Maschinenstand tief unten im F-Deck, ein stählerner Schüttelfrost, so als wenn ein Eisenbahnwagen über ausgeschlagene Schienen schlackert. Die Vibrationen der Maschine können nicht mehr über die Außenhaut des Rumpfs ans Meer abgegeben werden; der Eispress wirft sie als krampfiges Schütteln auf alle tragenden Teile des Schiffes zurück.

Der Kaffee vor Chief Volker Schulz, Herr über 20 000 PS und viele angeschlossene Abnehmer, schwappt schwungvoll über den Tassenrand. Schulz wirft nur einen knappen Blick nach oben, dorthin, wo fünf Decks höher, sozusagen über allem, die Brücke thront. »Festgefahren ist okay«, meint er trocken, »aber manchmal, wenn die da oben stundenlang Eis hacken mit meinen armen Schrauben, dann möchte ich hoch, einen einfangen und ihn auf die Welle binden!« Irgendwie ist das freundlich gemeint, zumal ganz deutlich die Bewunderung für eine Schiffstechnik überwiegt, die nun schon über zwei Jahrzehnte lang auch härtesten Eisbedingungen standhält.

Die dramatische Bühnenkulisse, die uns die Vorbeifahrt an Bouvet, der verlorenen Insel (Seite 38/39), bot, hatte ein kleines, sachliches Vorspiel: Kapitän Uwe Pahl, der Wissenschaftliche Leiter, Professor Michael Spindler und Bordmeteorologe Karl-Heinz Bock (nicht im Bild) prüfen am Kartentisch, wie man einem Sturmtief ausweichen kann.

Der Umweg bescherte uns die abgelegenste Insel der Welt. Kurz nachdem Bouvet am Horizont verschwand, verfinsterte sich der Himmel (Seite 40/41).

Volker weiß, was jetzt kommt. Erst die Anweisung von der Brücke, die Intering-Anlage in Gang zu setzen, die bewirkt, dass Ballastwasser schnell von einer Seite auf die andere gepumpt wird, eine Art Freischaukel-Mechanismus. Man hofft, dass sich der breite Schiffsleib aus der Unklammerung freischuckeln kann, wie ein Ringer im Haltegriff durch kontrolliertes Muskelzucken. Als auch das nichts nützt – die *Polarstern* ist, wie sich später herausstellt, zwischen zwei gewaltige Schollen geraten, die den Stahlleib wie in einem eisigen Schraubstock gefangen halten –, wird das Bug-Ballastwasser gelenzt (abgepumpt). Das Vorderteil des Schiffes soll höher aufschwimmen. Derweil peitschen beide Schrauben mit maximaler Steigung (Anstellwinkel der beweglichen Schraubenblätter) das Wasser, um den 16 000 Tonnen schweren Leib rückwärts zu ziehen. Sie peitschen sogar noch etwas heftiger als üblich, denn schon vor einigen Minuten hat Wolfgang Simon, 2. Ingenieur und verantwortlich für den Antrieb, den Hilfsdiesel für die Stromerzeugung eingeschaltet. Dieses Aggregat entlastet die Generatoren, die im Normalbetrieb auf den beiden Wellen mitlaufen. Die Einsparung wirft weitere zehn Prozent Kraft auf die beiden Antriebswellen. Was immer den Ausschlag gegeben haben mag: Entlastung der beiden Wellen, Schaukelbewegung durch schwappendes Ballastwasser, Lenzen der Bugtanks oder einfach nur Wind und Strömung, nach zwei Stunden müssen die beiden Riesenschollen ihren Fang wieder freigeben. Die Gefahr, zerquetscht zu werden – der Horror, den die alten Polarfahrer in ihren Holzschiffchen vielfach vor Augen hatten –, bestand nicht wirklich. Die *Polarstern* kann im Extremfall neun Tonnen Druck auf einer Fläche von zehn mal zehn

Zentimetern aushalten, ohne dass Spanten krachen oder Stahl birst. Übrigens: Die *Polarstern* ist kein Forschungs-Eisbrecher, wie überall zu lesen steht, sondern ein Forschungsschiff mit höchster Eisklasse. Das Wummern der Schollen an den vielfach stahlverstärkten Außenwänden, begleitet vom ebenmäßigen Schleifen weicher Schneeauflagen, gibt wieder den gewohnten Klangteppich, auf den die Maschine den Takt stampft. »Das Eis hat nur mal kurz Stopp gesagt. Aber es könnte natürlich auch mal Halt sagen. Wie damals Mitte der Achtziger, als wir drei Wochen festsaßen«, erinnert sich Schulz mit Blick auf den Kontrollschirm, der per Außenkamera wieder den gewohnt festen Schnitt des Stahlleibes durch Schneekruste und Eis vermeldet. Nein, eine Krise war das nicht wirklich, die »hatten wir, als wir 1992 mal fest im Eis eingeklemmt waren und in unerwartet starke Strömung kamen und dann rückwärts direkt auf einen gewaltigen Eisberg zurumpelten. Volle Kraft voraus ... Hat alles nichts mehr genutzt. Aber hallo! Wir sind dann auf Zentimeter an dem Ding vorbeigeschrammt. Auf der Brücke haben die schon die Bordkapelle der *Titanic* spielen gehört.«

Manchmal braucht man eben auch auf einem mehrfach abgesicherten Transportmittel ein Quäntchen Glück; keiner weiß das besser als Volker Schulz, der »seinen Kahn« seit der zweiten Bauphase auf der Nobiskrug-Werft in Rendsburg kennt. Und Glück war wohl auch im Juni 1982 im Spiel, als sich dem damals Vierzigjährigen im richtigen Moment die Chance bot, als 1. Ingenieur auf dem nagelneuen Forschungsschiff anzuheuern. Bis dahin hatte der wuchtige Sensible aus dem Norden (Handewitt/Flensburg) schon etliche tausend Seemeilen in diversen Schiffsbäuchen zugebracht, hatte auf allen Weltmeeren das gleiche Öl gerochen und wohl auch schon die akustischen Grundlagen für den berufsbedingten Hörschaden aller Maschinisten gelegt. »Das mit der *Polarstern* war so 'n Wink mit 'm Signalmast, und ich bin natürlich liebend gern von den 08/15-Containerschiffen auf diesen beweglichen Abenteuerspielplatz umgestiegen«, erinnert sich Schulz, der mittlerweile einige Übung darin hat, das Kraftzentrum des deutschen Forschungsflaggschiffes zu erklären. Schließlich ist die *Polarstern* eine Prominente und er der intimste Kenner ihres Innenlebens – neben Martin Fröb, dem Leitenden Elektroniker, der mehr Schaltrelais im Kopf hat, als sich unsereins auf einem Haufen vorstellen kann.

Volker verweist aufs Grundsätzliche: »Wir haben hier zwei komplette Maschinenanlagen in einem Schiff, die zur Not auch unabhängig voneinander funktionieren.« Und die Not kratzte auch schon mal misstönend am Rumpf, als die *Polarstern* 1986 nach einem Maschinenbrand mit einer Schraube zurück nach Kapstadt fahren musste. »Wäre uns das damals ein paar hundert Seemeilen weiter südlich im Eis passiert, wären wir nicht rausgekommen.« Es sind diese Gerade-noch-mal-gut-gegangen-Geschichten, die besonders gut kommen. Es gibt sie in Groß und in Klein. Und von den kleinen, alltäglichen schwirrt die Luft auf der *Polarstern*. Die Mannschaft ist – fernab von Reparaturwerkstätten und Reklamationsabteilungen für wissenschaftliches Gerät – darauf abonniert, kleine Wunder zu verfertigen. Wo eine fehlende Schraube über ein 100 000-Euro-Projekt oder eine wissenschaftliche Karriere entscheiden kann,

Ein Spektakel für die von Seekrankheit Verschonten, ein Debakel für die anderen. Windstärken um elf Beaufort (Seite 44/45) peitschen die Gischt 20 Meter hoch bis vor die Panoramafenster der Brücke.

sind die Werkstätten an Bord bisweilen wahre Glücksschmieden. »Die schönsten Momente sind für mich immer, wenn so ein verzweifelter Forscher bei uns hier unten aufschlägt, mit`nem Nu-is-alles-zu-spät-Blick nach ganz was Ausgefallenem fragt und ich dann nur knapp nicke und sage: ›Haben wir! Machen wir!‹«

Nach diesem Motto fummelt der Chief den Eistauchern zum Beispiel mal eben neue Adapter für ihre Lungenautomaten zusammen. Andere aus seiner Mannschaft reparieren – unter gehörigem Zeitdruck, sozusagen im Wettlauf mit der Quecksilbersäule – stotternde Kühlcontainer. Und die Eiszertrümmerungsmaschine der belgischen Gruppe, die sich in Probeläufen vorzugsweise selbst zertrümmerte, wird so eingerichtet, dass sie ohne allzu viel Gerumpel Dienst tut. Neue Zwischenstücke für Eisbohrgestänge oder kleine Reparaturen an CTDs gehören schon fast zum Alltagsgeschäft unter Deck.

Ab und zu gibt es zwischen den vielen kleinen Serienwundern auch mal ein ausgewachsenes. Harald Bohlmann, Labor-Elektroniker auf der *Polarstern*, hat auf ein paar Quadratmetern Arbeitsraum für die defekten Argos-Bojen (anspruchsvolle automatische Datenübermittler von Eis-Außenpositionen) völlig neue Schaltungen entwickelt und entsprechende Platinen gelötet. Eine Arbeit, für die Experten an Land viel Geld und Zeit veranschlagen würden und die sie ohne Schaltskizze – die gab es nicht an Bord – rundweg ablehnen würden. Es kommt wohl wesentlich darauf an, der Macht des Faktischen wie »Eine kaputte Boje ist eine kaputte Boje« die Stirn zu bieten.

Annäherung

---------ein Phänomen mit drei Buchstaben---

Ich hab viel gelernt in den vergangenen Wochen. Ich verirre mich schon lange nicht mehr in den Etagen (Decks) und den Auf- und Abgängen; ich kenne die Zugspannung jedes einzelnen Türschließers an Bord; wenn ich zum Windenleitstand will, der Achterdeckbrücke, von wo aus die CTDs gefahren werden, kurve ich nicht mehr durch alle Decks, sondern finde souverän die Direttissima durchs D-Deck, kurz vorm Wäsche-Max (alle Wäscher auf Schiffen heißen Max, und fast alle sind Chinesen) nach Steuerbord und dann durchs kleine Treppenhaus; ich weiß, dass der Mann mit dem höchstentwickelten technischen Spieltrieb an Bord – *nomen est omen* – Spielke (Chief Mate) heißt, der zugleich einer der freundlichsten und hilfsbereitesten Menschen auf der *Polarstern* ist, eine sehr angenehme Kombination; ich setze mich nicht mehr versehentlich auf den Kapitänsstuhl – eine Flasche südafrikanischer Roter, zahlbar an Wachoffizier René Hartung, war ein akzeptables Bußgeld; ich verwechsele nicht mehr die Shop-Öffnungszeiten (Dienstag: Spirituosen, Donnerstag: Bier und alkoholfreie Getränke); ich weiß, wann man im Fitnessraum mit einiger Sicherheit ein freies Fahrrad findet und wann nicht; ich kenne über 50 Wissenschaftler per Vornamen und etliche Mannschaftsnamen ... na gut: fast, jedenfalls brauche ich keine Eselsbrücken mehr wie noch zu Anfang bei Zuordnungen von Person und wissenschaftlichem Haustier, zum Beispiel: »Henrike«, typischer Name aus meiner plattdeutschen Heimat, arbeitet über »Plattwürmer«. Ich weiß (Konfliktvermeidung!), Kammermitbewohner und Fotograf Ingo Arndt nervt es, wenn man ihm beim Bildersortieren am Laptop-Schirm über die Schulter schaut; ich weiß, wer an Bord zur Großabteilung Biologie, wer zu Chemie, Ozeanographie oder Meereseis gehört; und – gewaltiger innerer Umbruch – ich, der größte mir persönlich bekannte Computer-Ignorant zwischen beiden Polarkreisen, kann das bordeigene Intranet nutzen, frei nach der Devise: Nur die Not gebiert Großes; ich habe mich in das vokabelreiche, aber silbenzerfließende Murmel-Englisch eingehört, das der liebenswerte, hoch qualifizierte Finne Jouko Launiainen spricht; ich kann mit wenigen Blicken auf einen der Monitore unsere aktuelle geographische Position, Salzgehalt, Temperatur, Meerestiefe, Geschwindigkeit, Windrichtung und Kurs ablesen; selbst die ausgehängten Diagramme über Eisdicke und -beschaffenheit erklären sich mit geringer Lesehilfe fast von selbst; ich habe begriffen, wie sehr einen diese Welt foppen kann: Ein Eisstück im Meer, 500 Meter querab von der *Polarstern*, vielleicht noch eingebettet in ein Packeisfeld, kann einen Freibord (Höhe über Wasser) von fünf oder 50 Metern haben, denn es gibt unter Eisbergen jede Menge Scheinriesen und etliche Pseudozwerge; ich kann ohne die anfängliche Irritation Treppen benutzen, auch wenn die Stiegen plötzlich unter mir mit reduzierter Fallgeschwindigkeit ins Wellental sacken, und gleich darauf, plötzlich aufsteigend, mein Gewicht verdoppeln. Ich bin angekommen.

Man könnte auch sagen: Die Illusion ist perfekt. Ich glaube fast schon nicht mehr, dass dies meine erste Polarfahrt ist. Mit ein wenig Autosuggestion halte ich mich für einen Veteranen, der ich hier nur gemessen am Durchschnittsalter der Jungforscher bin. Immer mehr Rätsel rütteln sich allmählich in überschaubaren Diagrammen zurecht; und vielleicht ist es ja wie beim Kreuzworträtsel: Gegen Ende

Die Eiskante kündigte sich an, lange bevor sie in Sichtweite kam. Trotz heftiger Winde ließ die Dünung nach. Erst lockeres, stark angetautes Dünneis (Seite 49), doch schon ein paar dutzend Seemeilen weiter südwestlich eine geschlossene Eisdecke (Seite 50/51).

hin wird es immer leichter. »Kreuzworträtsel« trifft es ganz gut; es geht auch hier um sich überkreuzende Begriffe: Aber um die benachbarten Wörter zu kennen, muss man wiederum... Viel Arbeit für die nächsten Wochen, es sollte mich nicht überraschen, wenn ich mich noch einige Male kräftig wundern werde. Die Anreise zur Scholle nutze ich, um ein wenig am Aufbauwortschatz zu arbeiten. DOM zum Beispiel. Ein Phänomen mit drei Buchstaben. Thorsten Dittmar von der Florida State University, Tallahassee, und Boris Koch vom Alfred-Wegener-Institut, Bremerhaven, haben mir – passenderweise in der Bordbar »Zillertal« – liebevoll eingetrichtert, was es darüber zu wissen gibt (wenig) und was man alles noch nicht weiß (viel).

Schon der Name, der sich hinter der Abkürzung verbirgt, *Dissolved Organic Matter*, gelöste organische Substanz, zielt spürbar ins Ungewisse. Und tatsächlich ist es bisher nur zu rund einem Fünftel gelungen, die große Nährstoffbrühe, die in allen Weltmeeren treibt, analytisch zu bestimmen. Thorsten und Boris hegen den Verdacht – und ihm wollen sie auf ISPOL nachgehen, dass ein erheblicher Teil des Weltmeer-DOM von antarktischen Eisalgen produziert wird. Das wäre, wenn es denn so wäre, schon sensationell. Am Ende der Reise, nach 3790 Liter spezialgefiltertem Wasser wagen Thorsten und Boris ein vorbehaltliches »Ja!«: Antarktische Eisalgen sind wahrscheinlich Hauptproduzenten des DOM in allen Weltmeeren. Bekannter Hintergrund ihrer Arbeit: Rund die Hälfte allen Kohlendioxids, das auf unserem Planeten durch Pflanzen gebunden, zeitweilig festgelegt wird, geht aufs Konto von Meeralgen. So weit, so gut, aber wie passt ausgerechnet Packeis in dieses Schema?

Dort, wo das Meer oberflächlich durch Meereis für große Teile des Jahres von Sonnenstrahlen abgeriegelt ist – *teilweise* abgeriegelt trifft es genauer –, sollte eigentlich infolge von Lichtmangel die CO_2-Bindeleistung der Meeresalgen stark eingeschränkt sein. Es sei denn, die Eisalgen, die man bisher nicht so ganz auf der Rechnung hatte, übernehmen. Eisalgen sind die Sparkünstler im Pflanzenreich, wenn es um Photosynthese bei wenig Sonnenlicht geht.

Thorstens und Boris` Arbeit auf der *Polarstern*, und vor allem die nachgeordnete Analysearbeit in Tallahassee und Bremerhaven, könnte die These stützen helfen, dass mit dem antarktischen Packeis für die Welt eine entscheidende Frage ausgebreitet ist, ein Frage buchstäblich auf Leben und Tod. Im Weddellmeer werden unvorstellbar große Wassermassen in die Tiefe gerissen, Wassermassen die DOM enthalten; und im DOM stecken große Mengen an Kohlendioxid – unrühmlich bekannt als Treibhausgas. Das Weddellmeer ist das, was Experten eine CO_2-Senke nennen, ein Ort, an dem etwas versenkt wird, von dem man derzeit gern so viel wie möglich versenkt wüsste.

Kenner des Phänomens »Maritime CO_2-Senke« könnten sich an dieser Stelle irritiert fühlen: Im DOM sinkt nur *ein (!)* Teil der insgesamt versenkten CO_2-Menge ab. Die beiden anderen, weitaus bekannteren Mechanismen der CO_2-Senke: CO_2 bröckelt in Form absterbender Algen in die Tiefe; und es wird gasförmig, im Wasser gelöst, an den Grund des Weddellmeeres befördert. Die Kohlendioxid-Bindung im DOM hat – umweltstrategisch gesehen – den gewaltigen Vorteil, dass das Problemgas auf viele tausend

Eis ist eine Vereinfachung

Jahre gebunden, das heißt nahezu auf Dauer festgelegt und damit unschädlich ist. Die beiden DOM-Spezialisten werden nun, sobald die *Polarstern* an der Scholle liegt und das tägliche CTD-Schöpfwerk Wasser aus allen verfügbaren Tiefen an Deck befördert, »ihr« DOM extrahieren. Was sie dann in kleinen kostbaren Portionen nach Florida und Bremerhaven bringen, kann erstmals mit modernsten Massenspektrometern bis in seine atomaren Bestandteile untersucht werden. Die unbekannten vier Fünftel DOM sollten schon bald geknackt sein. Und was lerne ich daraus? Im Hochwinter sind rund um Antarktika mehr als 20 Millionen Quadratkilometer Meeresoberfläche eisbedeckt. Das ist etwa das Zweifache der Fläche Gesamteuropas vom Atlantik bis zum Ural. Viel Eis bedeutet viele Eisalgen, die viel Photosynthese betreiben und dabei CO_2 verarbeiten, binden. Viel in abgestorbenen Algen gespeichertes Kohlendioxid, das im Weddellmeer versenkt wird, bedeutet viel Gas-Müllbeseitigung der erwünschten Art. Ergo: Packeis ist ein globaler Wohltäter.

»Schnee« und »Eis« sind grobe Vereinfachungen, wenn man den Kosmos charakterisieren will, der sich an den Polen auftut. Schnees und Eise – man sollte den Plural riskieren – unterscheiden sich fast so vielfältig untereinander wie Böden oder Gestein. Für viele an Bord der *Polarstern* ist die Vielschichtigkeit von Schnee und Eis natürlich lange schon Schnee von gestern, Basiswissen. Nicht so für mich. Aber auch Basisinformation kann gar nicht dicht und präzise genug sein. Deshalb nutzen die Experten an Bord die rund 1000 Seemeilen lange Eisfahrt quer durch die Weddellsee, um Eis-Beschaffenheit, -Dicke und -Verteilung zu registrieren. Unser Kurs durchs Packeis soll gewissermaßen zum wissenschaftlichen Transekt werden – eine Messlinie, an der permanent Daten gesammelt werden.

Und so funktioniert es: Trainierte Eisexperten taxieren jede volle Stunde (nachts bei Scheinwerferlicht nur alle zwei Stunden) von der Brücke herab die Schollen, die die *Polarstern* in ihrem Vorwärtsdrang praktischerweise an der Bordwand kentern lässt, so dass ihre Mächtigkeit sichtbar wird. Ein rotweißer Peilstab, der parallel zur Eisoberfläche knapp über dem Eis von der Bordwand vorragt, erleichtert das Geschäft. Die Beobachtungen füllen Kladden mit Zahlen und Kürzeln – Eintragungen, denen jeweils die exakten GPS-Daten zugeordnet sind. Die Wissenschaftler haben ihre Beobachtungsschärfe vorher in sorgfältigen Testreihen »geeicht« – das heißt: einander angeglichen –, damit nicht beispielsweise jemand zweijähriges Eis für dickes einjähriges hält oder »Frazil« (erste zusammengeschobene Eiskristalle) mit dem ebenfalls dünnen »Nilas« verwechselt. Insgesamt werden 14 Eistypen unterschieden, von »hauchzart« über »jung grauweiß« bis »Festeis«. Darunter auch so lyrische Begrifflichkeiten wie »Fingerfalteis« – Dünneis, das sich nach dem Prinzip betender Hände schollenweise ineinander schiebt. Dazu kommen acht Schollentypen/-größen: vom zierlichen Pfannkucheneis (entstehendes Neueis in bewegtem Wasser) bis zu Riesenschollen von mehreren Kilometern Durchmesser. Dann interessieren auch noch die vielfältigen Oberflächenstrukturen, von »spiegelglatt« über acht Abstufungen bis zu »total schrundig«. Die buckeligsten Veteranen sind Überlebende des letzten antarktischen Sommers, die »Schweißnähte« auf ihren Rücken zeigen, wo

Eis verlangt den Plural

Was als kaum verlangsamte Fahrt durch schwaches Eis begann, wurde schnell zum Schieben und Rühren im zäher werdenden Schollensalat. Weniger die Dicke des Eises als vielmehr dessen wässrige Struktur und vor allem die Mächtigkeit der Schneeauflage bremsen den Schiffsleib.

Von der Brücke aus taxieren Eisexperten mit geschulten Blicken die Mächtigkeit und Beschaffenheit der Eisdecke. An der Bordwand kenternde Schollen (Seite 54/55) erleichtern die Peil- und Messarbeit.

sich Schollenreste zusammengeschoben haben. Vorletzte Beobachtungskategorie: Oberflächenbedeckung. Hier reicht die Skala von »schneefrei« bis »Tauwasser auf der Scholle«. Auch die Ausdehnung von eisfreien Abschnitten, Wasserläufen *(leads)* oder ganzen »Binnenseen« im Eisfeld werden geschätzt. Tony Worby, australischer Wissenschaftler an Bord, hat dieses Beobachtungssystem in den letzten Jahren entwickelt und laufend verfeinert. Sein Verfahren beruht im Wesentlichen darauf, die Beobachtungsqualität zu verbessern und die Ergebnisse zu objektivieren.
Zumindest für zwei der genannten Positionen, Eisdicke und Ausdehnung eisfreier Flächen, läuft parallel dazu ein begleitendes Kontrollprogramm. Christian Haas vom AWI hat ein Eisdickenecholot vom vorderen Schiffskran aus ein paar Meter vor den eisbrechenden Bug hängen lassen. Doppelmessungen durch Vor-und-Zurück-Fahrten, wie sie beim Eisrammen meist unvermeidlich und typisch sind, werden natürlich aus den Messreihen rausgerechnet. Alle Daten zusammengenommen ergeben später ein so genanntes »Eisdicken-Transekt«.

Packeis ist packend. Und die Brücke wird stundenweise zur Zuschauertribüne: Wie schneidet der jeweilige Steuermann eine Eiskante an? Spitz, stumpf oder brutal von vorn, so als wäre die *Polarstern* ein Riesenmeißel und die 20 000-PS-Maschine ein Schlagbohrer? Wann fährt er eine Fahrrinne im Eis wie ein Binnenschiffer aus, wann schneidet er eine Schleife ab? Der eine schaltet schon auf volle Kraft zurück, sobald die *Polarstern* von dicker Schneeauflage auf zwei Knoten runtergebremst ist, der andere zögert, bis das Schiff steht (steckt), und wartet damit womöglich zu lange. Und es passiert mit schöner Regelmäßigkeit genau das, was alle Autofahrer dieser Welt so lieben: Die Beifahrer wissen es besser. Immer wieder Gemurmel von der Art: »Das hätte er aber sehen können, dass unser Schwung für die Scholle nicht reicht, das war doch klar ... oder?«
Die Gäste auf der Brücke – noch haben sie viel Zeit, denn für die meisten hat die intensive wissenschaftliche Arbeit noch nicht begonnen – begeistern sich für unterschiedliche Aspekte: Die Meeresbiologen zum Beispiel sehen die schmutzig grünen Unterseiten der gekenterten und zerstückelten Schollen mit wissenschaftlich disziplinierter Vorfreude: Exakt diese Farbe verspricht massig Biomasse. Eisalgen satt! Das ist der Stoff, für den sie ihr Zuhause, Weihnachten, Neujahr und einiges mehr drangegeben haben. In dieser Schicht (später lerne ich, dass es mehrere Schichten gibt!) wimmelt ein Kleintierzoo, teils unerforscht wie Afrikas Tierwelt im 17. Jahrhundert und mit Größenunterschieden wie von Springmaus zu Elefant. Die *Polarstern* ist auf Kaperfahrt: Es geht darum, wissenschaftliche Beute zu machen. Möglicherweise gegen Widerstände; denn das hat sich mittlerweile rumgesprochen, das Weddellmeer ist nicht die türkische Riviera, wo die Veranstalter Schönwetter- und Geld-zurück-Garantien aussprechen. Vielleicht werden viele von uns viele Anläufe brauchen. Wie dieser Tage unser Schiff, wenn die eisigen Bremsbacken den Stahlleib wieder mal auf null gebracht haben. Käpt'n Uwe Pahl zeigt dann gern eines seiner feinsinnigen Lächeln, ganz besonders wenn in den umgebenden Gesichtern auf der Brücke zigfach dieselbe Frage steht: »Schon wieder Stopp?« »Für Eisfahrt braucht man Geduld«, sagt er, und davon hat sein Team auf der Brücke offenbar hinreichend gebunkert.

NÄCHSTE
WARTUNG
06/05

NÄCHSTE WARTUNG
SB
VORSICHT!

An der Scholle

---------Brüche unter Schnee verborgen-----

Die »Heimatscholle« von oben (Seite 56/57) – etwa drei Wochen nach der Ankunft Ende November.

Die Wissenschaftler suchten und fanden schließlich ihre Ideal-Scholle (Seite 58): bewegtes Relief, aber auch genügend ebene Flächen, unterschiedliche Dicken und verschieden hohe Schneeauflagen.

Vom ersten Tag an war die *Polarstern* Fluchtpunkt und sicherer Hafen (Seite 60/61).

Es gibt noch weiße Flecken auf der Landkarte. Unsere Scholle ist so einer – der Gegenstand mehrwöchiger Untersuchungen durch die ISPOL-Wissenschaftler. Heimatscholle. Wintergarten. Außenstelle. Freilandlabor. Ein vergänglicher Fleck: Von Wasser bist du genommen, und zu Wasser sollst du wieder werden. Bis dahin wird *our floe* die Form verändern wie eine riesige weiße Amöbe. Sie wird altern, ihre Falten unter Schnee verbergen wie eine verblühende Schönheit ihre Jahre unter Make-up. Ihre Altersflecken werden die braunen Senken sein, in denen Tauwasser und einströmendes Meerwasser den Algen ein Bett bereiten. Wir werden nicht mehr hier sein, wenn sie stirbt, in einem Sommerwind an einer größeren zerschellt oder zwischen zweijährigen Schollen zerrieben wird. Vielleicht werden wir vor der Abreisezeit Zellteilungen erleben, unkontrollierte noch dazu. Die Eis-Veteranen sprechen in diesem Zusammenhang von Hubschrauber-Evakuierungen abgesprengter Wissenschaftler und ihres Geräts. Das hört sich ein wenig dramatisch an, und ich kann mir zu diesem Zeitpunkt noch nicht vorstellen, wie routinemäßig ruhig all das ablaufen wird.

Die Ankunft am Arbeitsplatz, 27. 11. 2004, nach rund zwanzigtägiger Anreise durch subpolare raue See und durch voluminöse Eisbarrieren, kommt ein wenig wie ein verzögertes Hurra: Drei oder vier anvisierte Schollen fallen nach entsprechender Inspektion durch unsere Hubschraubertruppe glatt durch. Entweder erscheinen ihre Oberflächen zu schrundig oder sie sind zu tief verschneit. Oder beides. Die »Wissis« (alle auf der *Polarstern*, die nicht zur Crew gehören) sind zwar ungeduldig, aber mehr als das sind sie vernünftig. Man hat ja nicht diese Riesenanreise hinter sich gebracht, um buchstäblich auf den letzten Metern durch eine schlechte Wahl den Forschungsertrag zu gefährden. Schließlich, Ironie des Entdeckerschicksals, fällt die Wahl auf eine Scholle, die ganz zu Beginn der Suche schon mal in der engeren Wahl war. Das Eisradarbild der schlussendlich ausgewählten Platte wirkt ein wenig wie ein grün eingefärbtes Foto der Mondoberfläche. Es zeigt hinreichend viele ebene Flächen: die Areale für die unterschiedlichen Forschungsgruppen, die sich entlang zweier Längsachsen, beide rund anderthalb Kilometer lang, über die Scholle verteilen sollen. Aber welche Gruppe bekommt welchen *plot?* Die Verteilung geschieht natürlich nicht nach dem klassischen Amundsen-Scott-Muster: Zu allem entschlossene Pioniere rennen unter Lebensgefahr los und reklamieren einen Ort für Gott, König, Vaterland und ganz besonders für sich selbst. Vor dem Schweiß auf dem Eis – Eiskerne bohren, Löcher ins Eis treiben für diverse Messinstrumente und Netze – steht Gedankenarbeit: Logistik und Logik. Wer braucht wegen hochsensibler Luftmessungen größtmöglichen Abstand vom Schiff und von den anderen, besonders von denen, die motorgetriebene Stromaggregate und Bohrer einsetzen? Wer braucht Stromanschluss zum Schiff? Welche Gruppe möchte eine möglichst hohe Schneeauflage, um über längere Intervalle Schmelzgeschwindigkeit und -muster messen zu können? Die meisten bevorzugen Flächen, an denen die Scholle eben und nicht allzu dick ist; Eiskerne ziehen ist harte körperliche Arbeit.

Auch Miles McPhee, eine Weltkapazität in Sachen »Turbulenzen« aus Washington State, hätte gern eine von den begehrten Dünneis-Stellen gehabt. Aber in Stromkabel-

Entfernung zum Schiff finden sich nur einschüchternde Zwei-Meter-plus-Eisdicken. Miles braucht ein mal einen Meter Eintauchgröße für seine Sonde, und das bedeutet anderthalb Tage Gewürge mit der Eismotorsäge, die nicht tief genug reicht, mit Eishandsägen an improvisierten Verlängerungsstielen, auf die man ab 1,50 Meter Tiefe kaum noch Druck ausüben kann. Für mich, der ich dazu neige, mit meinem handwerklich-technischen Unvermögen zu kokettieren, ist es ein erhebendes Gefühl, dass ausgerechnet mir der rettende Einfall kommt, Meißel und Vorschlaghammer einzusetzen. Mit provozierender Leichtigkeit schwimmt schließlich nach etlichen Stunden archaischer Männerarbeit ein mächtiger Eisklops aus der Tiefe auf. Der Lohn für meine Mithilfe ist ein breites amerikanisches »We`vedone-it-man«-Lächeln und am Abend eine Flasche südafrikanischer Rotwein auf Kammer. Die Heimatscholle ist von Beginn an übersät von feuerroten (Sicherheitsfarbe der dick gepolsterten Polar-Schutzanzüge) Michelinmännchen und -weibchen: Eisalgenspezialisten, Plankton-Freaks, Ozeanographen, Spezialisten für Flux, den Gasaustausch zwischen Wasser, Eis und Atmosphäre, und vielen Jägern im Mikrometer-Bereich. Und über allem wölbt sich Ende November, Anfang Dezember ein Himmel von intensiv blauer Farbe, der an den Rändern, dort, wo er sich auf den Horizont stützt, leuchtet – unwirklich, weiß glühend.

Unter den Eispressrücken und sogar dort, wo Fußspuren knietief eingeprägt sind, glimmt ein Blau, für das es keinen Punkt gibt auf irgendeiner mir bekannten Farbskala. Schneeverwehte Eisrücken glitzern wie im Schwung erstarrte Wellen. Ein feiner, unaufdringlicher Wind wirbelt hier und da Pulverschnee auf, kein grobes Pulver, wie ich es von heimischen Wintern kenne. Wenn die feinen Schleier vor die Sonne treiben, regnet es Diamantenstaub. Und hinter mir in einer filigran angerichteten Kruste aus Schollen liegt wie ein gestrandeter Märchenwal groß und gemütlich die *Polarstern*. Irgendwo hinter mir verblassen gerade alte Träume, schrumpfen vertraute Superlative. Sicher, die Sahara, der Regenwald, der Himalaja waren nicht minder eindrucksvolle Orte. Und absolut nichts reicht für mich an die südostvenezolanischen Dschungel-Tafelberge heran; aber auf all das hatten mich jeweils Fotos recht und schlecht vorbereitet. Nichts hat mich auf diese Scholle vorbereitet. Absolut nichts.

Und schon gleich gar nichts auf die Kaiserpinguine, die in Abordnungen von fünf bis fünfzehn Ureinwohnern von Forschergruppe zu Forschergruppe wandern und deren seit Wochen aufgestauten Arbeitsdrang torpedieren, weil jeder erst einmal zwanghaft zum Fotografen oder Knipser wird. Diese Gestalten *nicht* zu vermenschlichen (Herrje, wie oft habe ich nicht schon gegen Tiervermenschlichung polemisiert!), ist nicht möglich. Sie watscheln heran, wobei der gut gepolsterte Leib ein wenig um die Längsachse schwingt wie bei korpulenten Vertretern des Homo sapiens, bauen sich einen Meter vor uns schwimmunfähigen, fehlfarbenen Pinguinen auf und diskutieren dann mit gesenkten Köpfen und gänseartigem Schnatterton, ob diese Neuankömmlinge genau so dumm sind, wie sie aussehen. Dann kippen sie auf den Bauch und schlittern mit leichten Ruderschlägen ihrer Flügelspitzen und solider Beinarbeit ihrer kräftigen Füße davon, zur nächsten Sensation, etwa

Erster Arbeitseinsatz der Mannschaft auf der Scholle: Kräftige Eisanker müssen gesetzt werden. Bewährt haben sich verschweißte Bahnschienen; sie werden im Eis versenkt und mit heißem Wasser übergossen.

Die Augen rechts! Das eindrucksvollste Empfangskomitee des sechsten Kontinents (Seite 64/65 und 66/67) besteht aus Kaiserpinguinen, die sich in den ersten Tagen, die wir in ihrem Territorium verbrachten, für alles zu interessieren schienen, was geboten wurde. Doch irgendwann gegen Mitte unserer Schollen-Zeit verloren wir für die Kaiser an Unterhaltungswert.

----eiskalte Verteilungskämpfe------------

POLARSTERN

Wer seine »Gänsetrompete« hören lassen will, senkt zuvor den Kopf auf die Brust (links). Stehkonvents dieser Art gehörten schon bald zu den vertrauten Anblicken auf der Scholle.

Rutschspuren von Kaiserpinguinen sind leicht am beidseitigen »Stockeinsatz«, den Abdrücken der Flügelspitzen im Schnee, zu erkennen (unten).

Ein Trupp im eiligen Aufbruch (Seite 70/71) wirkt, von oben betrachtet, wie flüchtende Schildkröten auf weißem Sandstrand.

nichts hat mich vorbereitet

im Wind knatternden Fahnen, unter denen sich eine kleine Gruppe versammelt und andächtig nach oben starrt: Fahnenappell auf 68 Grad Süd. Sie haben schnell gelernt, dass die Hubschrauber nur bluffen und nicht ernsthaft angreifen und dass die beiden Skidoos (Schneemobile) ihnen im großen Bogen ausweichen. Ich meine, so etwas wie Individualverhalten erkennen zu können: Die einen stellen sich einem buchstäblich in den Weg, andere wahren drei, vier Meter Sicherheitsabstand.

In Drygalskis Reisebericht *Zum Kontinent des eisigen Südens* finden sich etliche Passagen zu »Faszination Pinguin«, darunter auch einige Beschreibungen von Vorgehensweisen, die heute nicht mehr so ganz *ecologically correct* sind: »Als Bidlingmaier und Vahsel in der Zwischenzeit auf einer entfernten Scholle magnetisch arbeiteten, nahte sich ihnen ein einsamer Wanderer in Gestalt eines Kaiserpinguins. Bald kamen vier dieser großen herrlichen Vögel auch zum Schiff heran. Es sind überaus kräftige Tiere, bis zu 70 Pfund schwer. Sie haben in den Flügeln eine besondere Kraft, was man wohl verspürt, wenn man sie daran festhält. Zwei von diesen Tieren fingen wir lebend ein und brachten sie an Bord, während die übrigen beiden getötet wurden, um uns als Nahrung zu dienen.«
Die Männer der berühmten Shackleton-Expedition, die sich aus ihrem vom Eis zerquetschten Forschungsschiff *Endurance* auf eine treibende Scholle retteten, überlebten nur dank Pinguin- und Robbenfleisch. Und Pinguine wurden auch schon mal am Stück als Feuerholz-Ersatz verheizt. *Tempi passati!* Heute sind sie geschützt, wie alles Leben auf dem sechsten Kontinent.

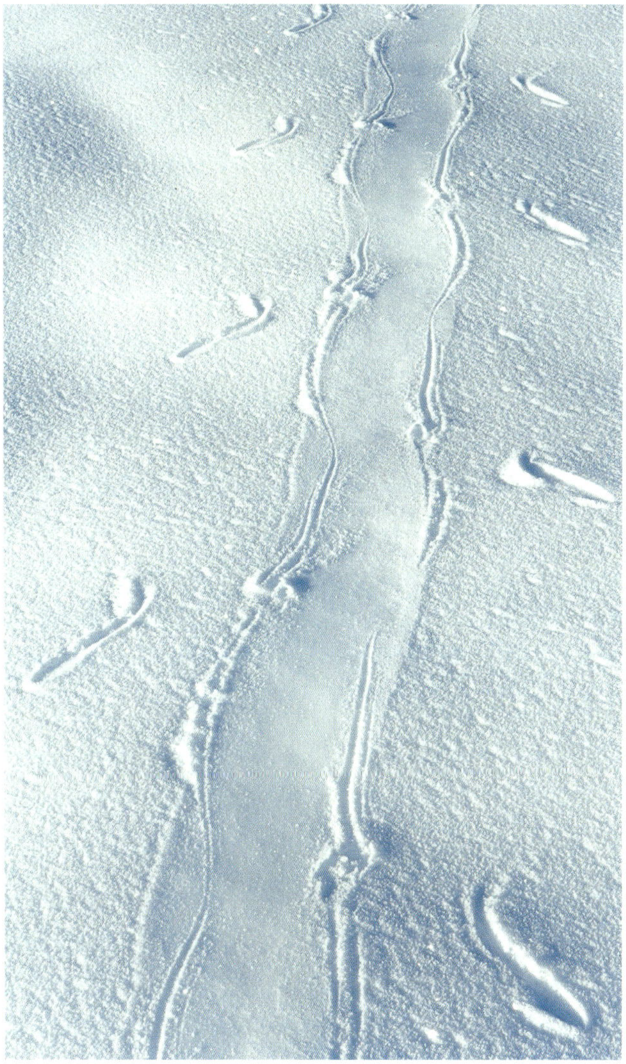

Die kräftigen, krallenbewehrten Füße schaffen den nötigen Halt und Vortrieb für die schnelle Vorwärtsbewegung auf dem Eis (Seite 73, oben). Gemächliche Fußmärsche erledigt man aufgerichtet; bei den etwas beleibteren Exemplaren schwingt ihr Äquator – höchst menschlich – um die eigene Längsachse.

bäuchlings geht's schneller

einfach nur liegen

Anfangs sensationell, aber schon bald ein vertrauter Anblick: Krabbenfresserrobben (Seite 74 und 76/77) an allen Ecken und Enden der Scholle und sogar mitten drauf.

Ihre Spuren (Seite 75) überzogen und durchkreuzten die wissenschaftlichen Arbeitsfelder. Auf der Scholle haben Krabbenfresser – sie sind die Lieblingsbeute des Seeleoparden – die antarktische Über-Robbe nicht zu fürchten. Daher ist ihre Fluchtdistanz außerhalb des Wassers fast gleich null.

Es ist seltsam, wie bereitwillig sich Auge und Gleichgewichtssinn täuschen lassen. Nichts schwankt, also ist alles solide, meldet die Wahrnehmung: wahrheitswidrig! Die mit Fähnchen markierten Wege suggerieren Festland, Sicherheit, Normalität und Ordnung. Dabei weiß jeder, unter uns liegen rund 1500 Meter Ozean. Und die Scholle treibt derzeit mit 0,3 Knoten dahin, knapp einen halben Stundenkilometer schnell, angetrieben vom berühmten Weddellwirbel. Als ich später auf Kammer bei strahlender Mitternachtssonne meine E-Mails lese – die *Polarstern* ist über vier geostationäre Satelliten (Inmarsat-B) mit der Welt verbunden –, sind der Bootsmann und drei Matrosen noch damit beschäftigt, massive Eisanker, ehemalige Eisenbahnschienen, in der Scholle zu versenken. Die Löcher werden mit heißem Wasser ausgegossen. Morgen sind die Haltepfosten so gut wie einzementiert, denke ich. Und irre mich. Die E-Mails tun gut. Sie schaffen Nähe und kommen doch aus einer anderen Welt, einer mit Dunkelheit zum 1. Advent und berechtigten Zweifeln, ob es in diesem Jahr eine weiße Weihnacht geben wird. Beim Einschlafen fällt mir ein Satz ein, den ich vor langer Zeit gelesen habe. Wo, hab ich vergessen, aber heute habe ich ihn verstanden: »... und bildersatt schlief ich ein«.

Der Kern dieser Forschungsreise sind die Kerne, die anderthalb Handteller dicken Eiskerne. Das sind lange Zylinder, die mit besonderen, motorgetriebenen Bohrern aus der Scholle gefräst werden. Abgesehen von den Ozeanographen und Wasserchemikern hängt auf der *Polarstern* so ziemlich alles am Eis. Auf fast tausend Kerne belaufen sich nach 35 Arbeitstagen auf der Scholle die Schätzungen.

Die Crux bei den *cores* (Englisch für Eiskerne) schildert Mathias Steffens von der Universität Kiel: »Einen aufgearbeiteten, also zersägten, geschmolzenen oder anderweitig benutzten Eiskern hat man der zeitlichen Dimension entzogen; man kann ihn nicht mehr über längere Frist verwenden. Sozusagen ein verbrauchendes Experiment.« Um dieses Manko etwas zu verringern, gibt es alle fünf Tage einen so genannten »Zeitserientag«. Eiskerne werden von möglichst allen Teams auf eng umgrenztem Raum gezogen, um dann – so weit das möglich ist – auch von allen genutzt zu werden. Nacheinander, versteht sich. So werden fachübergreifende Aussagen leichter und womöglich auch verlässlicher. Etwa: Welche Nährstoffe brauchen die Eisalgen? Bei welcher bevorzugten Eisdicke und bei welchen Untereis-Lichtmengen, UV-Einstrahlungen, Temperaturen und Salzgehalten gedeihen sie am besten, beziehungsweise, was halten sie gerade noch aus? Von welchen Ruderfußkrebsen *(Copepoden)* und anderen Vertretern des Zooplanktons wird der Eis-Algenrasen in welchem Umfang beweidet? Welche Bakterien kümmern sich um die Fraßabfälle, die dabei entstehen? Und in welchem Zusammenhang stehen die absinkenden Brösel zu der noch immer relativ undefinierten Wasserchemie der Weltmeere?

Viel Spitzenanalytik, viel differenzierte Apparatetechnik, viel Fachwissen! Und ab und an – wenn mir keiner dabei zuschaut – bewundere ich meinen Mut, all das mit einem ziemlich alten, unpräzisen Gerät ermessen zu wollen: meinem Hirn. Da ist es tröstlich für den hauptberuflichen Laien an Bord, dass es auch schon mal die banalen Dinge sind, welche die wissenschaftlichen Horizonte kurzfristig verschatten können. Beispielsweise fängt einer der eigentlich robusten Motoren für die Eiskernbohrer an zu stottern, nachdem er an Deck noch tadellos im Probelauf geschnurrt ist. Und das ausgerechnet dann, als die Eiskernbohrer sowieso schon etwas in Zeitdruck sind. Was Sascha Willmes von der Uni Trier zu der im Übrigen erstaunlich wirksamen Drohung veranlasste: »Wenn du nicht sofort anständig bohrst, montiere ich dich eigenhändig auf einen Rasenmäher. Und die Schande überlebst du nicht.« Die Lieferwege zum Endverbraucher sind kurz. Was an Eiskernen oder Schöpfwasser in die Untersuchungslabors der *Polarstern* kommt, war noch vor Stunden Teil des Ozeans oder des Packeises. Unser Schiff hat mit Erreichen der »Heimatscholle« die Funktion gewechselt: vom Personen- und Stückgut-Transporter im Dienste der Wissenschaft zur schwimmenden Laborstation. Ein Taktgeber sind neben den Zweitakt-Eisbohrern fast Tag für Tag die CTD-Fahrten, die exakt vorgeplanten Termine, zu denen in unterschiedlichsten Wassertiefen Proben genommen werden. Ein farblich durchstrukturierter Stundenplan differenziert, welche der Abnehmergruppen an Bord wann »zapfberechtigt« sind. Manchmal allerdings schiebt das Meer einen eisigen Riegel vor; wo gestern noch an der Bordwand schwarzblaues Wasser ideale CTD-Fahrbedingungen signalisierte, haben sich heute Eisschollen übereinander geschoben. Und während schon der austarierte Plan umgeschrieben wird – man denkt an spätere CTD-Zusatzfahrten, um die Verzögerung wieder auszugleichen –, haben sich die Schollen dezent wieder zurückgezogen, sind nur mehr ein lockerer Kranz um einen Swimmingpool für Pinguine und Krabbenfresserrobben. Erste Hinweise darauf, dass Packeis

Zum Gähnen langweilig war den Robben irgendwann die Menschenwelt. Und doch wäre es spannend gewesen zu wissen, was sich die Ureinwohner von uns Eindringlingen für ein Bild machen.

Die junge Weddellrobbe (Seite 80/81) jedenfalls fand den Fotografen nur mäßig interessant.

Die Nähe von Seeleoparden allerdings (Seite 82 ein Jüngling, Seite 83 ein Alttier) hätte die Lochbesetzerin aufs Höchste alarmiert.

Zeitserientage und Muße

Aufschwung in Permanenz

Sturmvögel als Schiffsbegleiter: Für den Südlichen Riesensturmvogel (links), den Weißflügel- und den reinweißen Schneesturmvogel (rechts) scheint Fliegen eine Körpereigenschaft zu sein und keine Anstrengung.

Jan Michels (Seite 87), einer aus der starken Fraktion der Plankton-Biologen an Bord der *Polarstern*, überwacht die Bergung eines Bongonetzes, das aus unterschiedlichen Meerestiefen Kleingetier nach oben fördert.

keine träge Masse, sondern eher ein pulsierendes System ist. Für die Zoologen, die sich besonders um die oberen Wasserschichten kümmern, um die lichtdurchströmte (euphotische) Zone, sind Netze unterschiedlicher Bauweise die adäquaten Einkaufstaschen. Die größeren Netze werden, wie die CTDs, über Bordwinden vom Arbeitsdeck aus gefahren. Das Bongonetz zum Beispiel gleicht zwei parallel gehängten Riesenzipfelmützen, an deren Enden Eisenbommel sitzen, die Fangkammern. Ein Großteil der Ernte kommt allerdings vom Eis: aus eigens gesägten Löchern, durch Untereistaucher mit Keschern oder dank wissenschaftlicher Stellnetzfischerei an der Eiskante.

Seit bekannt ist, dass unterm und *im (!)* Eis – das ja nicht massiv ist, sondern von unzähligen mit Salzlauge gefüllten Kanälen und Kammern durchzogen – das Leben wogt, will man die einzelnen Tanzschritte verstehen, die Energieflüsse messen und natürlich Algenrasen und Plankton-Zoo genauer inventarisieren. Antarktika und sein Hausmeer, das Weddellmeer, sind nach wie vor gute Orte für Entdecker: Noch unbekannte Arten wollen beschrieben sein, bekannte Arten neu eingruppiert. Ein gelobtes Land für Taxonomen, Artenbestimmungs-Experten. Was die »Käferbeinzähler« an Land, sind hier zum Beispiel Experten, die in den Mundwerkzeugen von sudpolaren Flohkrebsen artbestimmende Details lesen können. Für den Laien ist das alles erst einmal wässriger, antarktischer Flohzirkus. Der Beginn einer Nahrungskette – und darin unterscheidet sich dieser Extremlebensraum nicht von moderateren – muss fast in aller Regel pflanzlich sein. Eine Biologengruppe um die *Grande Dame* des Untereis-Kleintierzoos, Sigi Schiel, untersucht in so genannten »Fressver-

Doppelnetz mit Eisenbommel

suchen«, wie viel Algenmasse welche »Weidetiere« in welcher Zeit vertilgen. Sigis Doktorand, Jan Michels, widmet sich der nötigen Messarbeit im null Grad kalten Containerlabor. Jan, 27, ist der Typ von Naturwissenschaftler, von dem Kulturpessimisten wie ich vielleicht etwas voreilig meinen, er würde aussterben, beziehungsweise nicht mehr nachwachsen: Jan liebt seine Wundertiere. Biologe ist er, weil *bios* Leben heißt. Und er kann sich noch nach Stunden im Kühlcontainer an den Amphipoden-Loopings unter seinem Binokular erwärmen, lobt ihren gesunden Algenappetit; und Beifänge wie Flügelschnecken und Rippenquallen hält er für Fotograf Ingo Arndt in möglichst guter Verfassung vorrätig. Sigi Schiel hat sich für diese Reise unter anderem die Augias-Arbeit aufgebürdet, die Kotballen unterschiedlicher Algenkonsumenten zu klassifizieren und zu zeichnen. Nur wenn man diese Minikrümel auch identifizieren kann, weiß man, wer in welchem Umfang Verursacher des »Nahrungsregens« ist, auf den Lebewesen in jenen Tiefen angewiesen sind, in denen keine Pflanze Licht zur Photosynthese findet. Also, erste Leitfrage hinter und über all dieser Kleinarbeit: Welchen Einfluss hat das Zooplankton auf die Stoffflüsse zwischen oberer belichteter Zone und dem Meeresgrund? Zweite Leitfrage: Wie spielt sich die Interaktion zwischen Wasser und Eis ab – weiß man doch von einigen Arten, dass sie bestimmte Entwicklungsphasen im freien Wasser und andere im Eis durchleben. Wie, wann und dank welcher Bio-Tricks geschehen die Wechsel? Wie immer sind die Übergänge spannend, muss doch zum Beispiel der Ruderfuß *Stephos longipes* sich sowohl auf den normalen Salzgehalt im Meer von rund 34 (ein Kubikmeter Meerwasser enthält ungefähr 34 Kilo Salz) einstellen, als auch auf ein Vielfaches: auf die Salzlauge *(brine)* in den Eiskanälen. Wie ist das möglich, oder genauer: Was macht es möglich? Rainer Kiko vom Institut für Polarökologie an der Christian Albrecht Universität in Kiel geht dieser Frage nach; er möchte bei seinen Versuchstieren, antarktischen Ruderfußkrebsen, die genetischen Schaltstellen finden, die es *Stephos longipes* und *Drescherilla glacialis* erlauben, ein Enzymprogramm gegen die innere Versalzung zu fahren. Die Ruderfußkrebschen, die sich in *brine* (in der Salzlauge) aufhalten, widerstehen dem umgebenden Salzdruck/sog – auf Fachbiologisch: dem »osmotischen Druck« –, indem sie Gegendruck aufbauen. Gelingt es ihnen, wie anderen Tiergruppen auch, mit Glyco-Eiweißen, das sie in ihre Zellen einlagern, eine Art Gegendämmung zu schaffen – ein Verfahren, das praktischerweise noch den Nebeneffekt hat, als Gefrierschutz zu wirken? Oder »kennen« sie einen noch unbekannten Sonderweg? Der evolutionäre Aufwand für die Anpassung an einen superharten Lebensraum wird durch den Gewinn mehr als nur aufgewogen: *Stephos longipes* hat das Abseits als sicheren Ort gewählt; als Siedler im *brine* ist er seine Fressfeinde los, denen es in den Eiskanälen zu eng und zu salzig ist.

Sigi Schiel möchte dem Eis noch ein paar andere Bio-Geheimnisse entreißen: Wie überwintern Ruderfußkrebse *(Copepoden)*, die im Winter kaum genug Grünfutter finden? Von einer Art, *Calanoides acutes*, weiß sie inzwischen, dass sich die Tiere in große Tiefen, 600 – 1500 Meter, absinken lassen und, mit besonderen Fetten (Lipiden) gepolstert, Winterschlaf halten. Im antarktischen Frühjahr, ab November, steigen reife Weibchen mit befruchteten Eiern im

36

extreme Anpasser

Leib zur Oberfläche auf und ... »Ja, wie´s da genau mit ihnen weitergeht, würde ich gerne hier und bald beobachten!«, sagt sie. Und Forschungsbedarf gilt im Prinzip für viele Copepodenarten – sie stellen 80 Prozent der Gesamtmasse des Zooplanktons dar. Regalweise Stoff für künftige Doktorarbeiten. Gegenwärtig und schon jetzt auf der *Polarstern* vertreten ist ein anderer Fragenkomplex: Die Einwirkung von UV-Strahlung in südpolaren Regionen ist bekanntlich heftig. Wie schützen sich Organismen gegen Verbrennung? Von Krill weiß man, dass die Leuchtgarnelen schützende Substanzen in ihr Chitinkleid einlagern. Bachflohkrebse haben keine entsprechende Außenhaut. Wie machen sie es, möchte Rupert Krapp vom Kieler Institut für Polarökologie (IPÖ) wissen, der sogar einige Nächte im Zelt auf der Scholle verbracht hat, um ein UV-Messgerät zu überwachen. Auch eine Form von Anpassung an antarktische Bedingungen. Die Lebensbedingungen von Krill beschäftigen den Eisalgen-Spezialisten Gerhard Dieckmann vom AWI: Wie kommt es, dass sich Krill rund um den sechsten Kontinent in so gigantischen Mengen entwickeln kann? Die Riesenschwärme müssen – von nichts kommt nichts – auch einen Riesenhunger haben, was zumindest im Winter, wenn es keine Algen im freien Wasser gibt, Engpässe schaffen sollte. Erst wenn das Eis verschwindet, kommt es zu Algenblüte und Massenvermehrung des nahrhaften Grünzeugs. Gerhard Dieckmann möchte seine Hypothese überprüfen, dass für Krill Eisalgen das Winterfutter der Wahl sind. Für das erste Lebendexemplar Krill, das jemand an Bord bringt, steht eine Kiste Bier ausgeschrieben. Die Wissenschaftler an Bord sind eher Sammler als Jäger. Gerhard Dieckmann – die Krill-Winterdiät ist nur eines seiner Interessengebiete – sammelt sogar Abfall: Sediment, etwas weniger anrüchig ausgedrückt. Ihn interessiert all das, was vom weiß gedeckten Tisch in die Ozeantiefen krümelt. Seine Fundstücke sind im Wesentlichen »angebissene« Algen und Kot von Angehörigen des Planktonzoos im und unterm Eis. Seine Fangvorrichtung heißt »Sedimentfalle«, sie besteht aus zwei übereinander befestigten Einheiten: zylindrischen, senkrecht im Wasser hängenden Röhren, die durch ein Eisloch 80 Meter in die Tiefe abgeseilt werden. Was da alles über möglichst lange Zeit von oben in die Zylinder fällt oder treibt, gerät in Flaschen, die eine Zeitschaltuhr per Drehkranz und zu vorbestimmten Zeiten unter die beiden Öffnungen klemmt. In den Plastikflaschen nimmt eine mit Quecksilber behandelte Salzlauge das wissenschaftliche Material auf und konserviert es auf der Stelle für spätere Analysen. So weit die Theorie. Es kann natürlich Störungen der Probenahme geben, darunter solche, die keiner auf der Rechnung hatte. In Gerhards rechteckigem Eisloch, durch das die voluminöse Sedimentfalle, mit Gewichten beschwert und zusätzlichem Strömungsmesser ausgestattet, herabgelassen wurde, hat sich eine junge Weddellrobbe eingerichtet. Sie hat den Einschlupf wohl als Verbesserung ihrer Jagdmöglichkeiten erkannt, »und sie wird mir meine Falle etwas untypisch voll rieseln lassen mit ihrem Hinundhergerödel an der Eiskante« – so der Versuchsleiter, der im Übrigen nichts gegen Robben hat. Fotograf Ingo Arndt profitiert von der Irritation: Die junge Schöne ist gut für eine Serie betörender Close-ups. Erholung vom stundenlangen Geduldsspiel mit Kamera, Lupen- und Makro-Objektiv in den null Grad kalten Containern. Die Kleinen machen die größte Arbeit.

Spitze Schreie des Entzückens an Bord, als Fotograf Ingo Arndt den ISPOL-Experten für Zooplankton seine Digitalausdrucke von südpolarem Kleingetier zeigte. Larven von Schnecken, *Echinospira* (Seite 89), und Ruderfußkrebse wie *Euaugaptilus antarcticus* (Seite 90) sowie die *Paraeuchaeta sp.* (Seite 91) hatten selbst Routiniers auf der *Polarstern* so noch nicht gesehen. Beide Tiere förderte das so genannte Multifunktionsnetz aus 500 bis 1000 Meter Tiefe an Bord.

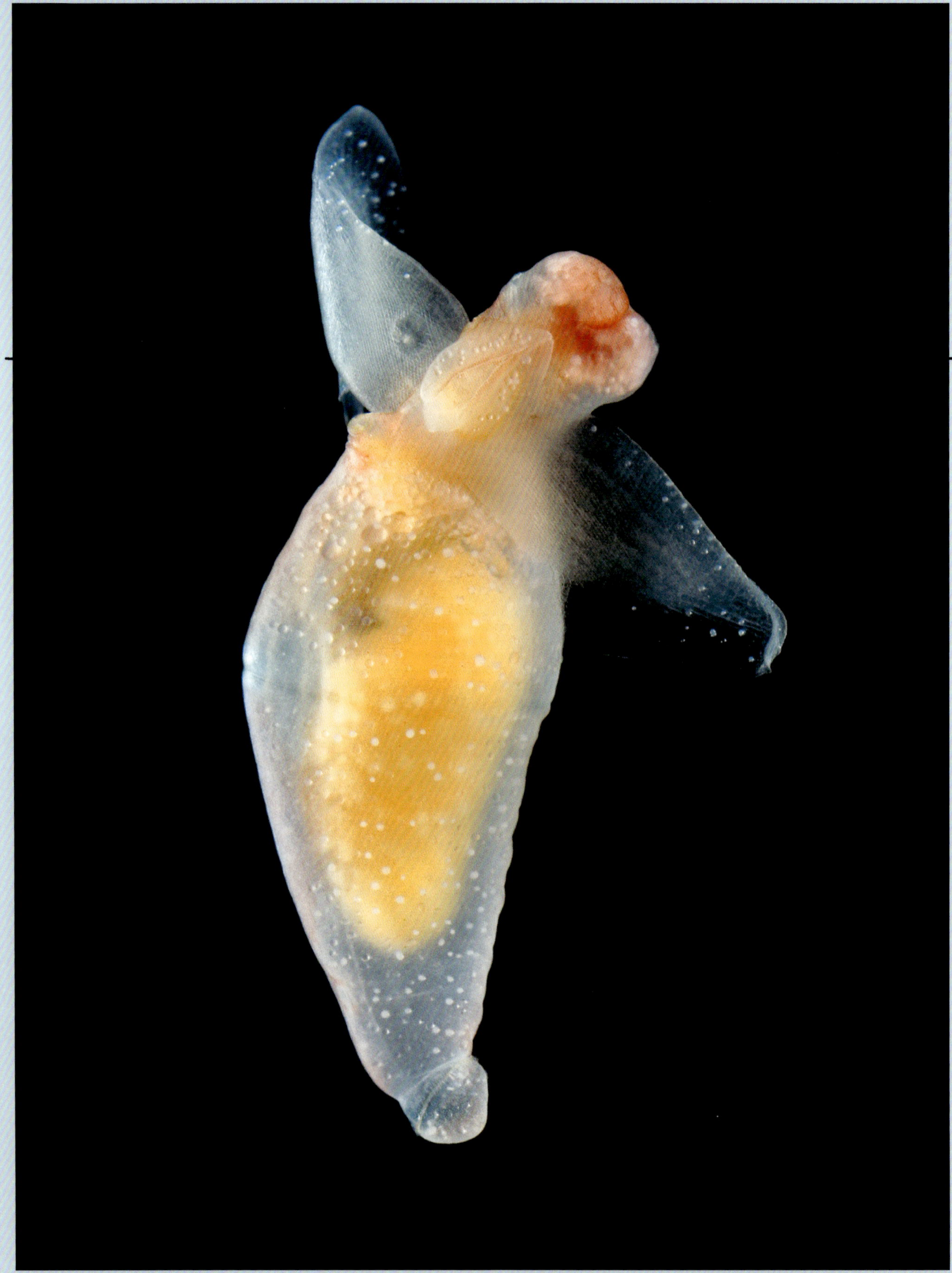

Die zwei Zentimeter lange, »tanzende« Flügelschnecke *Clione limacina* (links) fischte das Multinetz in 100 bis 200 Meter Tiefe.

Die einen Zentimeter kleine Larve einer *Scypho-Meduse* (unten) – ihr Lebensraum liegt in 500 bis 1000 Metern Wassertiefe – fächert sich zur Krone.
Eine andere Art, *Clio pyramidata* (drei Zentimeter lang, Seite 94/95), schwebt dahin wie ein silbriger Raumgleiter.

Tanz des Lebens

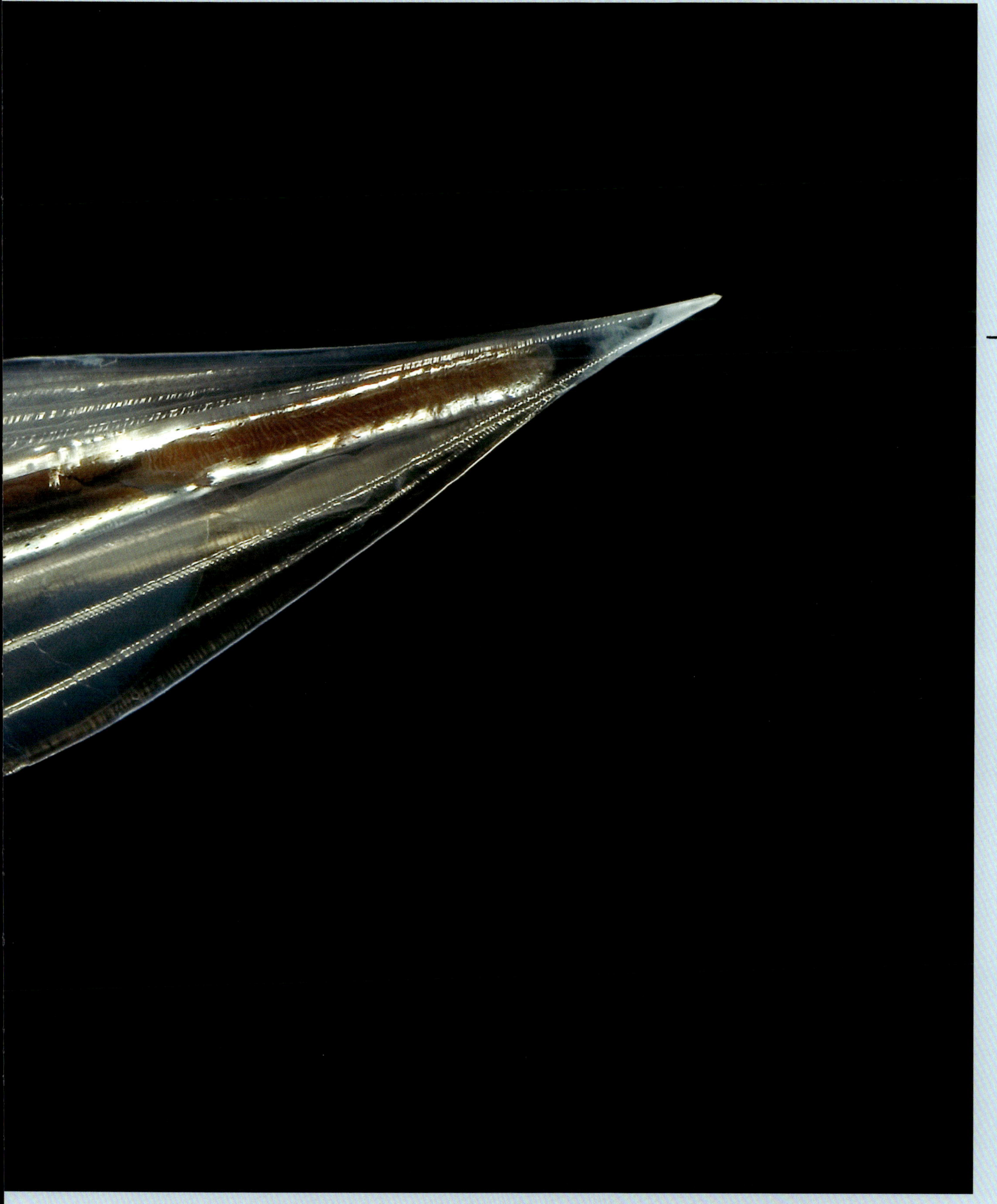

funktionale Schönheit

Die Qualle *Calycopsis borchgrevinki* (links), etwa eineinhalb Zentimeter groß, lässt ihre Fangarme kreiseln und steckt dann die klebrigen »Bommel« mit gefangenen Mikroorganismen durch die Mundöffnung in ihren Verdauungstrakt.

Die zwei Zentimeter große Qualle *Leuckartiara sp.* (unten) hat ihr Hauptverbreitungsgebiet zwischen Oberfläche und 500 Meter Wassertiefe.

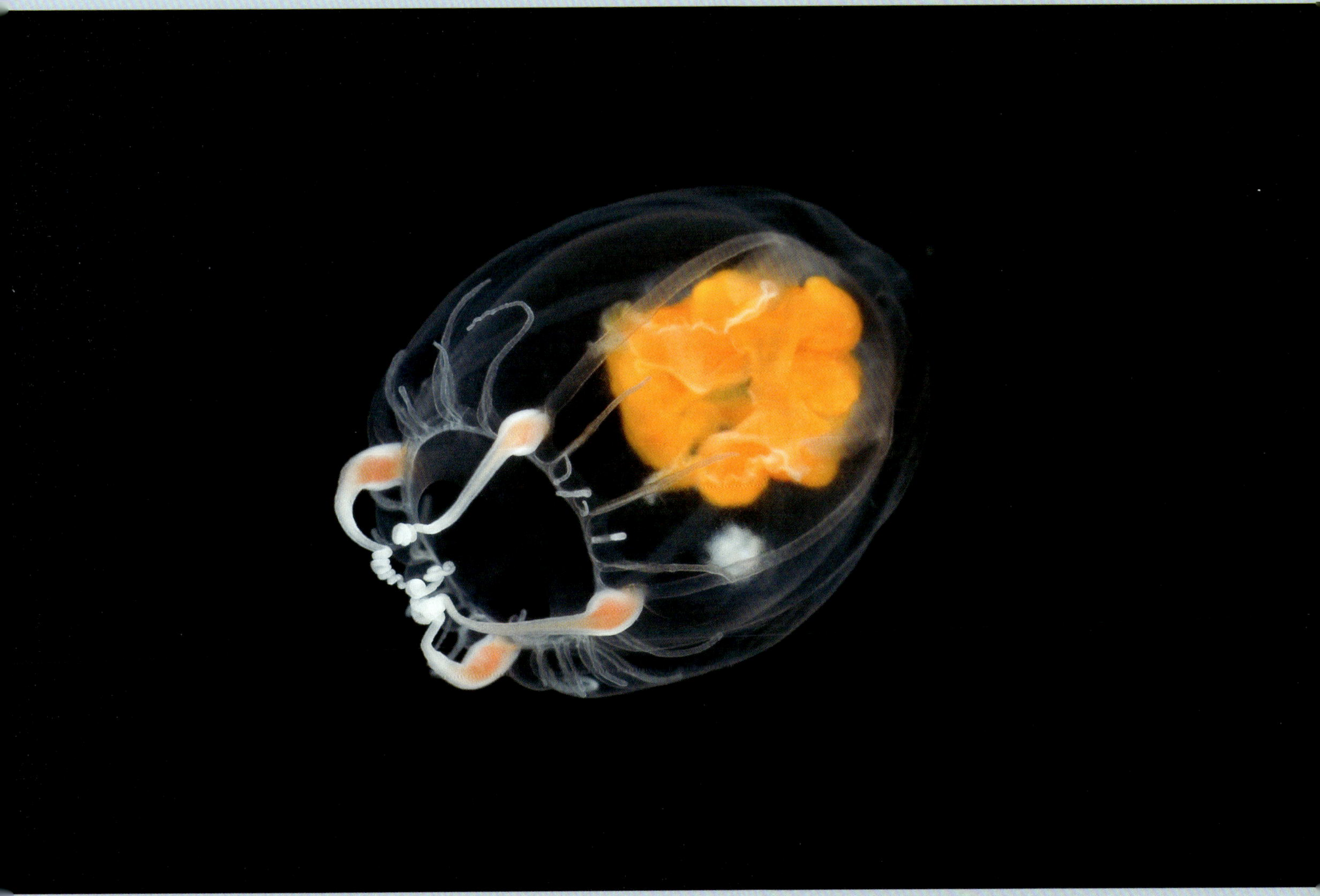

Forschen & Leben an Bord

Flimmern für den Vortrieb

Acht Reihen Wimpernplättchen (Detailaufnahme, Seite 99, unten links) treiben die 16 Zentimeter große Rippenqualle *Beroe cf. cucumis* (Seite 98) mit der Mundöffnung (Seite 99, links oben) voran durchs Wasser. Durch den Schlag der Plättchen entstehen Brechungsfarben – in diesem Fall rötliche.

Das bananenförmige Etwas (Seite 99, rechts oben), etwa 1,3 Zentimeter groß, löste an Bord der *Polarstern* heftiges Rätselraten aus. Per E-Mail schickte ein Berliner Meeresbodenforscher die Lösung: Es handelt sich um die abgerissene Tentakel einer am Grund lebenden Seerose. Den signalroten Vielborster der Gattung *Travistopsis* (Seite 99 rechts unten, drei Zentimeter groß) förderte das Multinetz aus etwa 600 Meter Tiefe ans Licht.

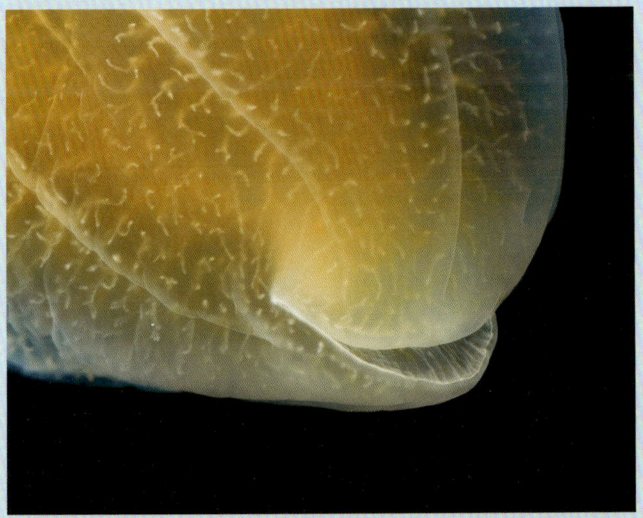

Eine 15 Zentimeter große Rippenqualle – Seite 100 zeigt sie in der Schwimmbewegung – hat einen Krillkrebs erbeutet und verschluckt. Das Opfer, sechs Zentimeter lang, wird verdaut, die Reste werden ausgeschieden. Zwischen den Momentaufnahme links oben und rechts unten liegen gut 23 Stunden.

Antarktischer Krill *(Euphausia superba)* schwimmt meist in Schräglage voraus – aufgerichtet, wie hier links, weidet er unter der Eiskante.

Die vorderen sechs Beinpaare (Seite 103) bilden einen Fangkorb. Die Beine sind jeweils mit Filterborsten besetzt. Das feinmaschige Netz taugt fürs Fischen von Kleinstalgen und zum Fang größerer Ruderfußkrebse, ja sogar von Artgenossen. Die Gelbgrünfärbung weist auf eine Algenmahlzeit hin und bezeichnet die Magenzone. Experten lässt die Vorstellung nicht los, die gigantischen Krillschwärme – eine fast unvorstellbar große Biomasse – könnten den Eiweißhunger der Menschheit stillen.

massig Biomasse

Forschen & Leben an Bord

Eis macht erfinderisch

Kopfüber ist normal für den drei Zentimeter großen Flohkrebs aus der Familie *Eusiridae* (links) – ein Spezialist, der die Untereiskante nach Nahrhaftem absucht.

Der zweieinhalb Zentimeter lange Vielborster *Polychaeta sp.* (unten) wirkt wie eine Miniatur aus Murano-Glas; sein Lebensraum ist der erste halbe Kilometer unter der Meeresoberfläche.

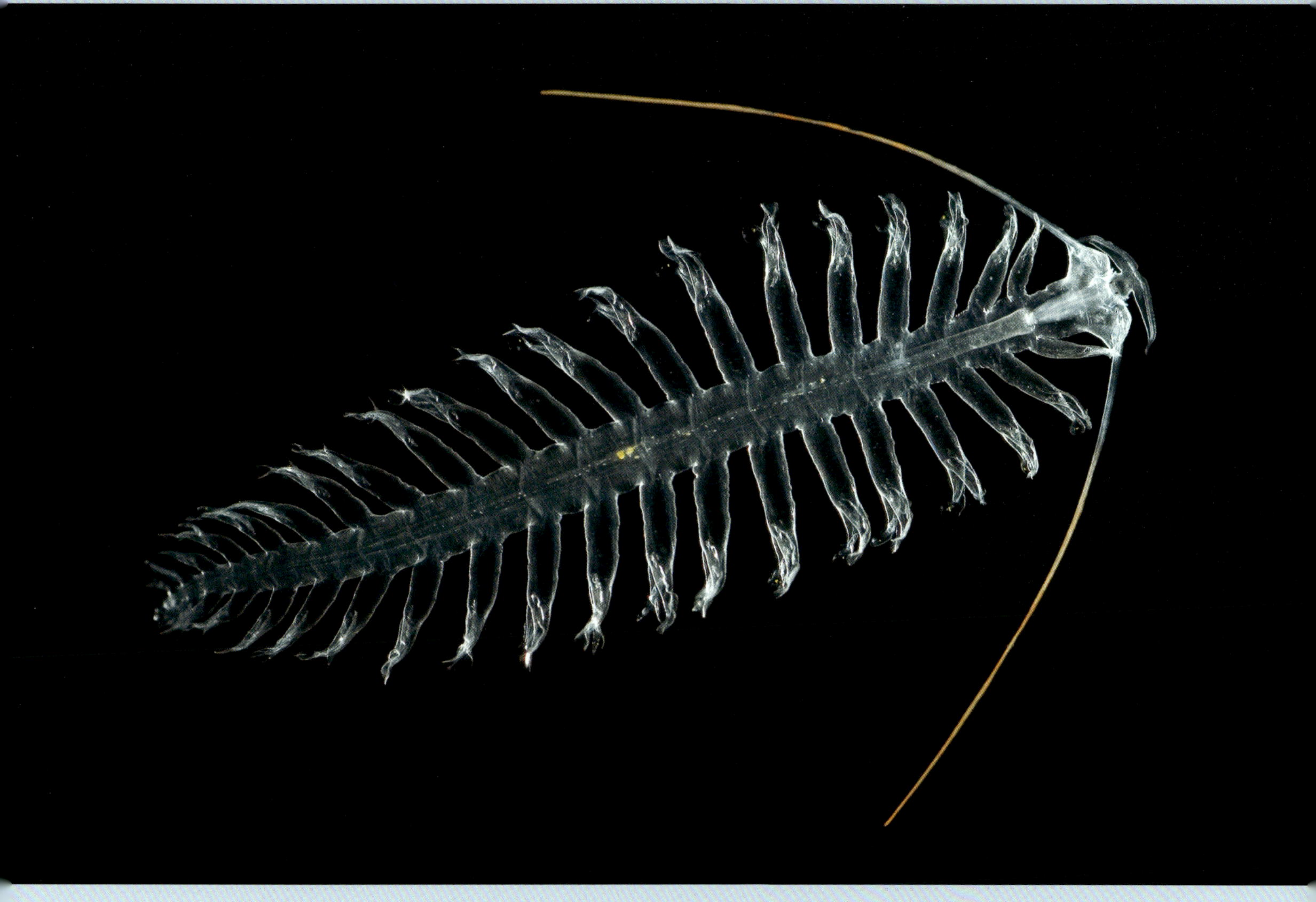

Rätselwesen aus der Kälte

Ein Koppelungsmanöver im Weltraum? Oder der Gallertpenis eines Außerirdischen? Seite 106 zeigt den Kopf eines insgesamt 25 Zentimeter langen Vielborsters, der sich in geringen Wassertiefen (50 bis 100 Meter) aufhält.

Gegenüber der vordere Teil eines Pfeilwurms. Die am Kopf anliegenden hellbraunen »Greifhaken« weisen das Tier als Räuber aus, der Ruderfußkrebse und andere Zooplanktonarten erbeuten kann.

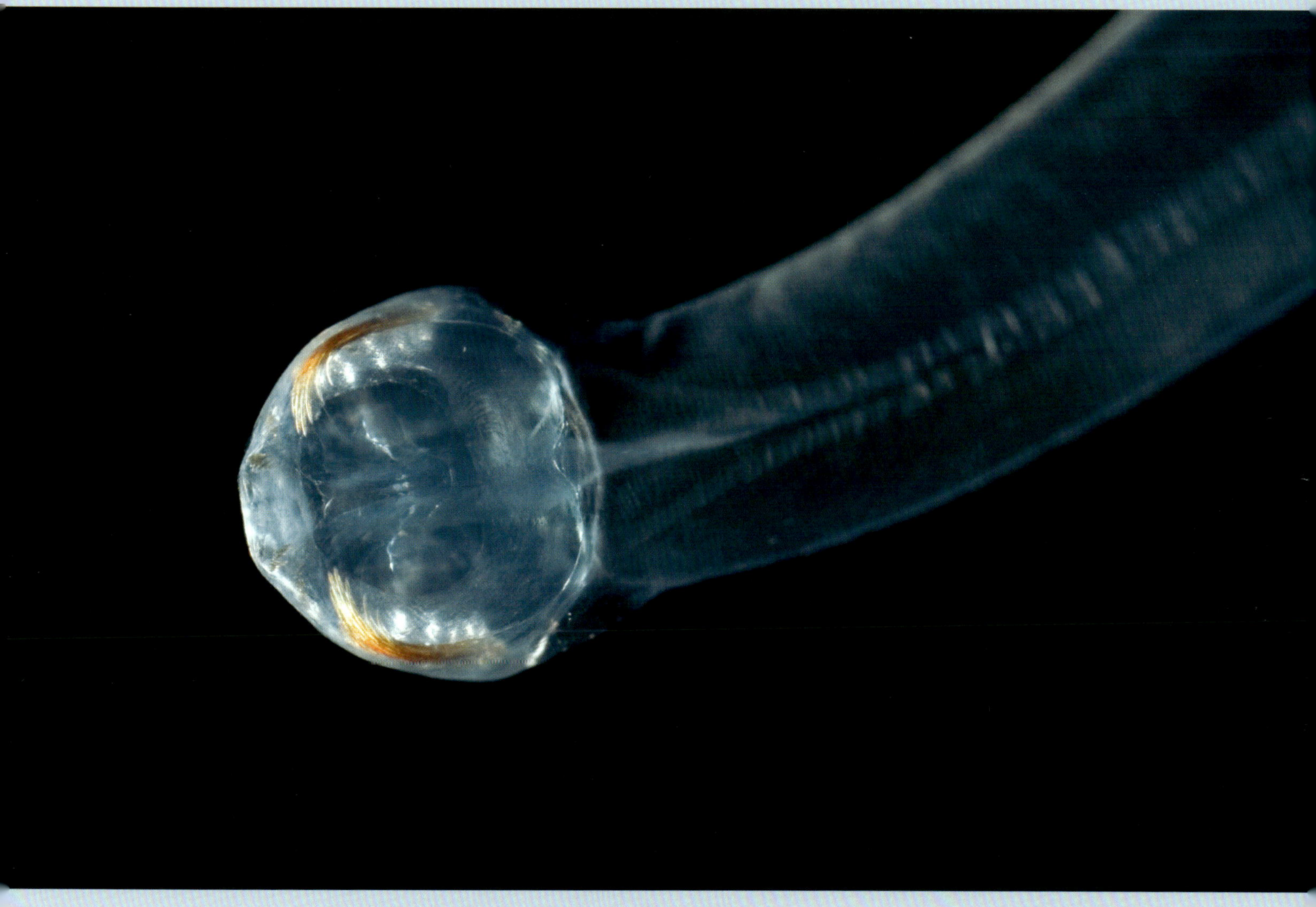

der Jean-Louis-Express

Aber die Kleinen sind der Mühe wert, denn das selten Gesehene lässt sich nicht leicht sichtbar machen. Fotografisch verlangen Ruderfuß- und Flohkrebse, Kammerlinge, Borsten- und Plattwürmer, Eisalgen, Krill und Quallen Ingo Arndt ein Höchstmaß an Geduld ab. Geduld auch mit sich selbst, »denn«, so Ingo, »eigentlich bin ich eher der wechselwarme Typ, der mit jedem Grad Wärme agiler wird«. Die Schwierigkeiten beginnen schon da, wo sie jeder erwartet, der schon mal im kalten Milieu fotografiert hat: Objektive beschlagen, Batterien quittieren den Dienst, und bei sehr tiefen Temperaturen verabschieden sie sich formlos noch vor Dienstantritt. Noch extremer sind die Lichtverhältnisse: »Belichtungsautomatik sollte man hier ganz schnell vergessen!« Ingo Arndt nimmt den Grauton seines Fotorucksacks oder das Rot der Polaranzüge als mittleren Grauwert, an dem er bei Landschafts- und Tier-Aufnahmen jeweils Blende und Verschlusszeit ausrichtet.

Eine seiner ersten Erkenntnisse kam nicht ganz unerwartet: Analoge und digitale Kameras reagieren unterschiedlich auf die enorme Umgebungshelligkeit, eine Erfahrung, die man besser schnell abspeichert, wenn man rasch von einem Medium auf das andere umsteigen will. Das antarktische Sommerlicht schafft natürlich nicht nur Probleme – es eröffnet auch Chancen. Unübersehbar ist es rund um die Uhr vorhanden, und »dieses bei bewölktem Himmel fast Monochrome ist schon eine tolle Herausforderung; wobei es schwer ist, Stimmungen zu erzeugen, wenn Schatten weitgehend fehlen«. Das magischste Licht fing Ingo »nachts« zwischen zwei und drei Uhr Bordzeit (während der Station an der ISPOL-Scholle hatten wir Greenwich-Zeit) ein, wenn die Sonne fast den Horizont berührte. Der Traum jedes Tierfotografen sind natürlich große befiederte oder pelzige Tiere fast ohne Fluchtdistanz: »Wo kann man Vögel schon mal aus der Nähe mit Weitwinkel fotografieren? Und Vögel über Schnee im Flug werden wunderbarerweise auch noch von unten angestrahlt! Normalerweise hat man da ja nur Schattenrisse gegen den hellen Himmel.«

Eines der Wunschbilder, mit denen Ingo Arndt angereist war, bot sich prompt an, und das sogar ohne den erwarteten technischen Aufwand einzufordern: »Ich hatte mir das im Kopf zurechtgelegt: Robbe schaut aus Eisloch. Aber ich hatte mir auch vorgestellt, heftig mit Fernauslöser und anderen Tricks arbeiten zu müssen. Aber meine Weddellrobbe lümmelt ganz zufrieden in ihrem Eisloch und hat sich um mich und die Kameras kaum gekümmert.« Die *Polarstern* bietet einem Berufsfotografen fast alles, was wünsch- und denkbar ist. Zum Beispiel einen Extra-Fotocontainer für die Millimeterarbeit über Petrischalen und vor Aquarien, von denen eines platzte – zum Glück, als der Fotograf nicht im Raum war. Die eigentliche Schwerstarbeit besteht darin, die Blitze so zu arrangieren, dass die Gläser nicht reflektieren. Und ähnlich mühsam ist es, Kleinpartikel daran zu hindern, in den Bildausschnitt zu treiben. Gut 95 Prozent Ausschuss – bei digitaler Fotografie kein Problem – muss man bei Arbeiten im Millimeter- und Zentimeterbereich einkalkulieren. »Besonders für die Quallen musste ich mir viel Zeit lassen. Das war schon interessant zu beobachten, wie die sich erst in sich zurückziehen und sich dann entfalten, nachdem sie sich an ihr neues Umfeld im Aquarium gewöhnt hatten.«

Keine Gruppe lud sich mehr Gerät auf die Nansenschlitten als das Team um den belgischen »Eisprofessor« Jean Louis Tison (gelber Anzug); und keine fuhr weitere Wege über die Scholle, galt es doch den anderen Gruppen, die sich über die anfangs 100 Quadratkilometer große Scholle verteilten (Seite 110/111), so gut es ging auszuweichen. Nicht etwa aus Ungeselligkeit: Die Feinmessungen der Gruppe um Jean Louis waren die störanfälligsten während ISPOL.

Für die Aufnahmen im mikroskopischen Bereich wanderte Ingo Arndt zeitweilig aus seinem Fotocontainer in eine »Tomate« aus, eine der roten Plastikhalbkugeln, die schiffsnah auf der Scholle positioniert wurden; die Vibrationen der *Polarstern* (die Maschine läuft wegen der Stromversorgung auch bei ruhendem Schiff) hätten sonst alle Bemühungen zunichte gemacht. Für herkömmliche Fotografie benutzte Ingo mehrere Canon EOS 1V-Kameragehäuse mit Objektivbrennweiten von 16 bis 600 mm; das Filmmaterial seiner Wahl ist Fuji Velvia 50, Fuji Porvia 100 und Kodak Ektachrome 100 GX. Sämtliche Digitalaufnahmen (natürlich nicht manipuliert!) entstanden mit der Canon EOS 1D Mark II. Etliche Hilfsmittel wie Lupenobjektive, mehrere Blitzgeräte oder Winkelsucher waren nötig, hätten aber ohne ein Großkontingent an Geduld kaum zu brauchbaren Ergebnissen verholfen. Zu den Privilegien eines Expeditionsfotografen auf der *Polarstern* gehören auch Hubschrauber(mit)flüge und Lautsprecherhinweise, wenn irgendwo etwas Fototrächtiges auftaucht, sei es nun ein Super-Eisberg, ein Seeleopard ein paar Dutzend Meter entfernt oder Schlangenseesterne, die vom Boden des Weddellmeeres per Sedimentgreifer an Bord gelangten.

Kleine Probleme – die im Übrigen auf der Scholle nicht prinzipiell andere sind als an Land – ergeben sich meist dann, wenn der Fotoprofi »Arbeitsatmosphäre« einfangen will. Fast sicher und eher früher als später greift ein Wissenschaftler selbst zur Kamera und beginnt seinerseits den Fotoprofi zu fotografieren, während dieser Wissenschaftsprofis fotografiert. Oder, noch deutlich ärgerlicher, er verleiht alleine dadurch, dass er knipsend ins Bild tritt, der geplanten Bildidee – »hart arbeitende Forscher unter harten antarktischen Bedingungen« – einen Freizeitakzent. Doch das sind Petitessen: »Es waren intensive Arbeitswochen hier an Bord der *Polarstern*. Aber das Entgegenkommen von Crew und Wissenschaft, das Verständnis von Fahrtleitung und Schiffsführung haben mir auch wieder vieles erleichtert.« Wobei die Fahrtleitung, *in persona* Michael Spindler, Professor für Polarökologie an der Universität Kiel, durchaus berufliches Interesse an der fotografischen Durchdringung dieser Spezialwelt hat. Der für ihn seit jeher spannendste Ausschnitt aus dieser noch weidlich unerforschten Tiefendimension liegt ausgebreitet über seinem beneidenswert großen Schreibtisch auf Kammer B–222. Ausgebreitet, wohlgemerkt, in zweidimensionaler, abstrahierender und katalogisierender Form. Michael Spindler nutzt die Zeit, die ihm sein Job als wissenschaftlicher Gesamtverantwortlicher an Bord lässt, um *Foraminiferen* wissenschaftlich genau zu zeichnen. *Foraminiferen*, zu Deutsch Kammerlinge oder Lochträger, sind vermutlich die vielseitigsten Einzeller, die die Evolution hervorgebracht hat; sie sind so unfassbar differenziert in ihren Lebensäußerungen, dass die übliche Zuordnung in den Bereich »primitiven« Lebens völlig unpassend erscheint. Kammerlinge umgeben sich mit Kalk-, Sand- oder Silikatgehäusen – Wohnschalen, deren Einzelkammern sich aneinander lagern –, und sie bewerkstelligen das freundlicherweise in jeweils artentypischer Ausprägung. Die Kammer bezeichnet die Art. Diese Kammerling-Behausungen, die im Sediment hunderte von Jahrtausenden überleben können, nutzt die Erdölexploration seit Jahren als Wegweiser. Man kennt zum einen die erdgeschichtliche

Wie in einen hochsterilen OP-Saal begaben sich die »Eisen-Messer« in ihr Areal, das schon durch geringe Verunreinigung entwertet worden wäre. (Die Schuhe steckten obligatorisch in Plastiktüten.) Problematisch wurde es für die Gruppe, als nach dem Schollenbruch Ende Dezember die *Polarstern* verlegt wurde und ihrem Forschungsareal relativ nahe kam.

sterile Forscher

Steriler Bohrer beim Ziehen eines Eiskerns, Elektrizität ersetzt den sonst üblichen Antrieb durch Verbrennungsmotoren, Gaze-Schutzanzüge über der Polarkleidung schützen die Proben vor »Verschmutzung«. Eiserne Disziplin. Das Bild zeigt die Unteransicht eines Eiskerns, der durch den zylindrischen Bohrer herausgefräst wurde.

------------das also ist der Forschung Kern--

------Fotografie, grafisch-------------------

Meereis, in millimeterdünne Scheiben geschnitten und unter Polfilter abgelichtet, zeigt faszinierende Farb- und Formenspiele. Säuliges, horizontal geschnittenes Eis (Seite 116) entsteht bei ruhiger See an der Unterseite von Meereisschollen; derselbe Eistyp vertikal geschnitten (Seite 117, unten) wirkt wie der Farbabstrich auf einer Malerpalette.

Einem bunten Fleckenteppich (Seite 117 oben) gleicht der Schnitt durch Eis, das in turbulentem Wasser oder aus Süß-Salz-Mischwasser entstand.

Zeitspanne, in der Öl gebildet wurde. Und man weiß ferner, dank intensiver mikropaläontologischer Forschung, welche Kammerling-Arten von wann bis wann gelebt haben. Wenn man nun bei Bohrungen in einer bestimmten Schicht ein signifikantes Nebeneinander bestimmter Arten findet (gefunden werden natürlich nur die leeren Kalkgehäuse!), lässt sich zum Beispiel sagen: Diese Schicht liegt außerhalb des Horizonts der Öl-Bildungszeit; das sagt uns die Anwesenheit und/oder Abwesenheit dieser und jener Kammerling-Arten. Hier nicht weitersuchen! Auch die Wissenschaft nutzt die Zeigerqualitäten der Kammerlinge. In den Gehäusen von Arten, die vor über hunderten von Millionen Jahren lebten, kann man noch den Salzgehalt, die Temperatur und den Nährstoffgehalt des damaligen Meeres ablesen. Die Salzwerte geben sogar Auskunft darüber, wie stark das Land (!) zu Lebzeiten der geologischen Zeugen vereist war: Wenn nämlich viel Süßwasser gefroren auf dem Land lag, muss dieses zeitweilige *Mehr* an Landeis im Meer als *Defizit* im Wasser auftauchen. Und das heißt, konsequent zu Ende gedacht: In den Ozeanen war es zu jener Zeit geringfügig salziger als zu Warmzeiten. Dieser Gedankenschluss war bisher unstrittig, sozusagen *state of the art*.

Aber Gerhard Dieckmann und David Thomas melden Zweifel an, denen sie auf ISPOL 2004/2005 nachgehen wollen. *Neogloboquadrina pachyderma*, der einzige Eis-Kammerling weltweit, hat ihnen zu denken gegeben. Wie alle Packeisbewohner muss *Neopach* (Kurzform) mit hohen Salzkonzentrationen leben können – Konzentrationen, die sich auch in seiner Kalkschale abbilden. Würde nun die-

Die weitaus größte Wassermenge für wissenschaftliche Untersuchungen wurde von Bord der *Polarstern* aus geschöpft. Einige Zusatzuntersuchungen auf entfernten Schollen machten aber auch den Einsatz der mobilen »Heli-CTD« erforderlich (Seite 119).

Kurz vor dem Anheben des kostbaren Geräts (Seite 118) bemerkte ihr Konstrukteur, Ozeanograph Mike Schröder, dass es nicht sicher befestigt war. Sein Kontrollblick rettete ein paar zehntausend Euro. Ebenfalls kostspielig: die Langzeit-Senderbojen, die auf driftenden Eisbergen befestigt wurden (Kleinbild, 119 oben).

--- die Wissenschaft hebt ab ---

An der so genannten »Rosette« (Seite 120, links), deren Flaschen in unterschiedlichen Meerestiefen voll laufen und an Bord gehievt werden, hängt ein Gutteil des Expeditionserfolgs. Die Eistaucher (Seite 120, oben rechts) wurden schon bald von Seeleoparden aus ihrem mühsam gehackten Einstiegsloch vertrieben und suchten sich ersatzweise eine glatte Eiskante.

Die DMS-Gruppe fischte im Wasser (Seite 120, rechts) und in der Luft (Seite 122/123) nach dem Stoff, der die Wolkenbildung in Gang setzt. Der Biologe David Thomas (Seite 121) interessierte sich für die »Killerkraft« von UV-Strahlung, und was ihr diverse Organismen entgegenzusetzen haben. Das Kleinbild (Seite 121, oben) zeigt die Untereis-Wasserpumpe »Adonis« im Einsatz.

- - - - - sich immer wieder reinknien - - - - - - - - - -

ses Gehäuse eines »Salzspezialisten« in 100 Millionen Jahren aus einer Sedimentschicht geborgen und nach heutigem Schema interpretiert, käme es unweigerlich zu Fehlschlüssen. *Neopach* zeigt nämlich keineswegs den Vereisungsgrad der Erde zu Beginn des dritten Jahrtausends nach Christus an, sondern nur seine ganz normale Lebensraumspezialisierung, seine Fähigkeit, mit den supersalzigen Bedingungen in den mit *brine* gefüllten Eiskanälen fertig zu werden. Vorläufer von *Neopach* können auch schon im Eis der Jura-Meere gelebt haben. Im Umkehrschluss könnte das heißen: Die erdgeschichtlichen Wärmeverhältnisse, die man bisher fraglos aus dem Salzgehalt Millionen Jahre alter Schalen gelesen hat, könnten die Ergebnisse von Lesefehlern sein; denn Packeis bewohnende – also salztolerante – Kammerlinge sind keine Schöpfungen der Erdgegenwart.

Anpassung an Extreme, nur eine von vielen bemerkenswerten Fähigkeiten dieser Art, kennzeichnen auch die ganze Gruppe, die weder dem Tier- noch dem Pflanzenreich angehört. Michael Spindler hat in früheren Forschungsreihen belegen können, dass sich Kammerlinge nach einem lunaren (mondgesteuerten) Rhythmus bis auf die Stunde genau reproduzieren. Das heißt nicht weniger, als dass ein Einzeller Lichtsequenzen (Hell-Dunkel-Folgen) »zählen« kann. Und womöglich noch unwahrscheinlicher: Kammerlinge bringen das Kunststück fertig, Kernumhüllungen aus einer membranartigen Substanz vorzuproduzieren, damit sich ihr Kern im Zuge der Fortpflanzung in bis zu 400 000 Partikel teilen und einhüllen kann. Unfassbar, wie ein Protozon, ein Wesen ohne Nervensystem und spezialisierte Zellen, so etwas steuern kann. Und – man muss das Wort »Wunder«

UEA
NR97TJ
UK
UEA
NR97TJ
UK

ATLAS

Von der höchsten Plattform der *Polarstern* – traditionell Krähennest genannt – spähte Hauke Flores nach Wirbeltieren aller Art: Robben, Walen, Pinguinen, flugfähigen Vögeln. Und wenn er Glück hatte, konnte er seine Zählungen vom Hubschrauber aus, als Mitflieger bei den regelmäßigen Eismessprogrammen, vervollständigen.

hier einfach verwenden! – einzellige Kammerlinge erbeuten mit ihren »Jagdstacheln« mehrfach größere, differenziertere vielzellige Flohkrebse. Außerdem leben einige Kammerling-Arten in Symbiose mit Algen, die Anteile ihrer Photosyntheseproduktion an die Kammerlinge abtreten und im Gegenzug den Schutz von Kammerlingstacheln genießen. Bei Dunkelheit ziehen sie sich in die schützende Kalkhülle zurück. Ende der Kammerling-Sondervorlesung auf Kammer B-222. Vielleicht noch schnell einen Gang auf die Brücke, vors große Promenaden- und Panoramaschaufenster. Nach so viel Detailgewusel mit etwas größerer Optik vorm inneren Auge einschlafen ...

Es gibt verwunschene Momente an Bord, Momente, die in einem nachzittern, egal ob man dieses Nachzittern nun für angebracht hält oder nicht. Da steht man kurz vor Mitternacht, der Horizont in flirrendes Licht getaucht, als einziger Besucher auf der Brücke. Der wachhabende Offizier Thomas Wunderlich setzt das Fernglas ab – er muss pflichtgemäß überprüfen, wer so spät noch auf dem Eis ist – und lächelt milde. Nein, er lächelt lebensklug, würde ich meinen, wenn der Mann mit seinen 25 Jahren für Lebensklugheit nicht noch zwei, drei Jahrzehnte zu jung wäre. »Nur kein Neid, Claus-Peter«, sagt er. Ich schaue ihn verwirrt an, greife mir dann eines der vielen gummierten Ferngläser, die über die ganze Brücke zur freien Benutzung verteilt liegen, und schaue in die Richtung, die er soeben angepeilt hatte. Und da wandert doch – milde war die Dezembernacht – unser bordeigenes Liebespaar in die sinkende, aber nicht versinkende Sonne, wandelt einer einsamen Tomate entgegen, einer von diesen roten Plastikhalbkugeln, die auf der Scholle sensible Messinstrumente beherbergen und was weiß ich sonst noch alles. Außer Hörweite sind sie und bald wohl auch außer Sichtweite der vielen indiskreten Bullaugen. Zwischen sich schlenkern sie eine Aluminiumkiste. Seufz!

Harter Schnitt, Szenenwechsel ... und Äkschn! Tückisch harmlos lecken kleine Wellen die blaue Kante empor, werden zurückgeworfen und formen kabbelige Querseen. Dann wird plötzlich Wasser meterhoch aufgepeitscht, legt einen Sprühvorhang über meine Pupillen, ich taumle zurück, gutturale Schreie gleichzeitig aus allen Richtungen. Ja, es ist ein umkämpfter Ort, an dem sich nur die Stärksten durchsetzen. Im Moment ist das Rupert, mit seinen XXL-Kanusportlerschultern auch ein geborener Wasserballer. Schwer zu halten von den anderen, die sich ebenfalls im bordeigenen Swimmingpool abstrampeln. Ein paar Armlängen entfernt auf dem Trockenen tritt Doc Uwe Kapieske, Jahrgang 1955, in die Pedale. Er ist der ausdauerndste Fitnessraumnutzer an Bord. Über den rennradartig gewölbten Lenker hat er eine selbst gebastelte Holztasche gehängt, in deren unterer Lasche ein flacher Laptop steckt. Und während er trampelt, blättert er in einem vor Reisebeginn abgespeicherten Lehrbuch über tropische Giftschlangen. Der Lärm der Wasserballer stört ihn nicht, die Ohren sind zusätzlich mit Walkman-Stöpseln abgeschottet. Bei Pulsfrequenz 120 strampelt sich der Mann durch die Gift-Charakteristika von Afrikanischer Puffotter und neotropischer Korallenschlange sowie diverser Öffnungswinkel zustoßender Schlangenmäuler. Die Szene könnte kaum skurriler sein. Der antarktische Landarzt – Uwe Kapieske kann schon auf

Das Heli-Deck mit seinem Hangar ist der Absprungplatz in die dritte Dimension. Vor jedem Start muss der Bordmeteorologe grünes Licht geben, denn bei bestimmten Wetterlagen droht hochgefährliche Vereisung der Rotorblätter. Trotz aller Voraussicht war eine (zum Glück relativ ungefährliche) Notlandung auf einer entfernten Scholle dennoch unvermeidlich.

»H« wie Helikopter

eine Überwinterung auf der Neumayerstation zurückblicken – büffelt Tropenmedizin, und um ihn herum treibt auf etlichen hundert Seemeilen Meereis. Kapieske genießt an seinem Arztdasein in isolierten Räumen vor allem die Zeit, die ihm zur Fortbildung bleibt. Auf seinem Laptop sind über 1000 Fachartikel gespeichert, und davon wird er auf ISPOL 2004/2005 wohl nur einen kleinen Teil in seinem Kopf abspeichern können, zumal da ja auch noch die Pflichten eines Bordarztes sind.

An Bord der *Polarstern* gibt es gute Möglichkeiten für den gelernten Chirurgen, sein breites medizinisches Wissen auszuspielen, diagnostisch und, wenn es sein muss, auch mit dem Skalpell. Die Sondersituation eines Allrounders, sei es als Schiffs- oder als Stationsarzt auf Antarktika, besteht vor allem darin, »dass man kritische Fälle nicht einfach zu einem Spezialisten überweisen kann«. Kapieske gibt ein Beispiel: »Wenn jetzt, in diesem Moment, ein junger Mensch mit rasenden Kopfschmerzen durch diese Tür kommt, dann könnte das Hirnhautentzündung sein, sehr schwere Migräne oder der Riss einer Aderaussackung im Schädelbereich. Im Fall drei müsste ich dem Kapitän sagen: Reise abbrechen und versuchen, noch rechtzeitig den nächstgelegenen Flugplatz zu erreichen!« Ein Kapitän ohne Arzt an Bord würde schon bei weit harmloseren Verdachtsmomenten den Risikoausschluss wählen, wählen müssen. Also ist ein Schiffsarzt an Bord eines Forschungsschiffes, das pro Tag um die 40 000 Euro Festkosten verursacht und dessen Forschungsvorhaben Millionenwerte repräsentieren können, auch so etwas wie eine Rückversicherung für das Gesamtunternehmen. Nur ein Arzt kann

Fieberkurve einer Eisscholle

Fest abonniert auf mindestens einen Heli war die Gruppe um den AWI-Eisexperten Christian Haas. Die beiden Hubschrauber waren mit dem BIRD, einer rotweißen Mess-Zigarre, im Schlepp viele hundert Flugkilometer in der Luft, um Eisdicken zu messen. Seite 128 zeigt das Eisdicken-Profil unserer Heimatscholle.

Miles McPhee (auf Seite 129 unten in seinem Computerzelt) senkte von einem Leichtrohrgestell (Seite 129, oben) aus eine sündhaft teure Messsonde ab, die Turbulenzen unter dem Eis mit großer Präzision erfassen kann.

hinreichend sicher sagen, wo Schmerzmittel und Antibiotika nicht mehr ausreichen und das Primat Lebensrettung in Kraft treten muss. Natürlich gibt es klare Grenzen: »Wenn im nächsten Augenblick einer von der Mannschaft hier mit starken Quetschungen im Bauchbereich eingeliefert würde, und Leber und Milz verletzt sind, dann sind seine Chancen zu überleben noch etwas schlechter als in jedem beliebigen Kreiskrankenhaus ohne die Möglichkeit intensivmedizinischer Maximalversorgung.« Aber auch von solchen Extrem-Szenarien abgesehen bleibt ein reales Gefährdungspotenzial, eines, so Kapieske, »dem besonders ich ausgesetzt bin. Ich bin nämlich der Einzige an Bord, bei dem eine Lumbalanästhesie oder eine Blinddarmoperation so ziemlich ausgeschlossen ist«. Der erste Monat auf See und im Eis sah 106 Patientenbesuche; viele Erkältungskrankheiten und Schleimhautprobleme wegen der trockenen Luft an Bord. Aber immerhin gab es auch einen Nierensteinabgang. Und an diversen provisorischen Zahnbehandlungen (Kapieske: »Da bin ich eher ein minderes Talent!«) hat Krankenschwester Otti Schöndorfer glückhafte Anteile. Beruhigend für Doc Holiday – so nennen ihn nur die an Bord, die seine Dienste noch nicht beanspruchen mussten – ist der niedrige Altersdurchschnitt und die obligatorische Voruntersuchung, ohne die keiner an Bord darf. Das war erheblich anders während seiner Fahrten als Bordarzt auf der *MS Europa*, die vorzugsweise von reichen, sehr reichen, schwerreichen und schwerstreichen älteren Semestern gebucht wird. »Da kamen Leute mit 15 Pillen pro Tag und genau so vielen Diagnosen an Bord und, was schlimmer war, mit ihrer Lebenserfahrung, dass mit Geld alles möglich ist. Als ich mal in Singapur eine alte Frau ins Flugzeug

Gerhard Dieckmann (kniend) birgt mit Hilfe von David Thomas (Mitte) und Andreas Krell einen Strömungsmesser, der Teil einer so genannten »Sedimentfalle« ist. Das Gerät sammelt Material, das von der Eisunterkante in die Tiefe rieselt.

Die beiden grauen Fangtrichter (Seite 131 oben) laufen unterwärts in kleine Flaschen aus, die mit Hilfe einer Zeitschaltuhr nach einem programmierten Intervall ausgewechselt werden. So kann man beispielsweise sicher sein, dass die Sedimente der zweiten Fangwoche in der Flasche 2, die der vierten in der Flasche 4 sind. Die Ergebnisse werden mit den wechselnden lokalen Strömungen abgeglichen.

die Jagd nach Krümeln

komplimentieren wollte, weil sie von Tag zu Tag gelber wurde und ihre Blutwerte einfach horrend waren, da tätschelte sie mir den Arm und sagte: ›Sie machen das schon, Herr Doktor!‹« Kapieske hat sich vor der Expedition noch einmal gesondert in Narkosemedizin fit gemacht. Röntgenmedizin, Kardio-Diagnostik und Blutbild – naturgemäß auf dem Schiff nur in vereinfachter Form möglich – hat er in seinen 15 Krankenhausjahren aus dem Effeff gelernt. Aber ob er mir auch, unter Wahrung meiner Überlebenschancen, in die Darmschlingen schneiden könnte? Als ich einen Tag nach unserem Gespräch, einem Freitag, fast eine Fischgräte verschlucke und ebenso schreckensbleich wie spontan halluziniere, was wohl passiert wäre, wenn mir – zigtausend Seemeilen vom nächsten Krankenhaus entfernt – das Ding eiternd irgendwo im Unterbauch stecken geblieben wäre, ist es plötzlich da, dieses schreckliche Gefühl der Ausgesetztheit. Jemand wie ich, ein mit allen klinischen Wassern gewaschener Hypochonder, hält seinen diesbezüglichen Trainingsstand auch am Ende der Welt. Aber davon mal abgesehen: Sollte man nicht Fischgräten von Expeditionsschiffen verbannen? Eine leichtere Frage: Warum die Schlangengiftlektion auf dem Tretrad? Etwas, für das es im Treibeis, meiner Einschätzung nach, wenig Anwendungsmöglichkeiten gibt. Kapieske grinst breit wie die Mündung der heimatlichen Weser: »Erstens nutze ich das Privileg, das inzwischen kein Stationsarzt mehr hat, nämlich die Zeit, mich weiterzubilden … und dann kenne ich da eine tropische Insel mit einem kleinen, gar nicht mal so schlecht ausgestatteten Krankenhaus. Da könnte man viele, viele sinnvolle Sachen machen und hätte rund ums Jahr 28 Grad warmes Wasser, ein paar Schritte von der Pförtnerloge entfernt.«

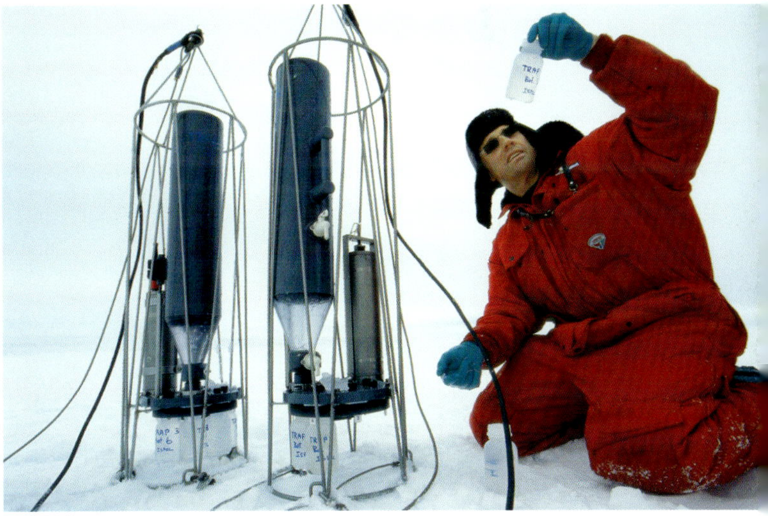

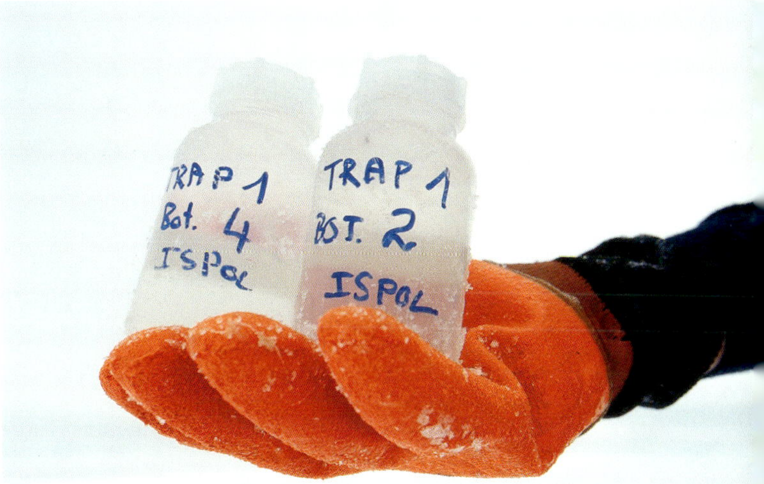

Enge ist der vorherrschende Eindruck, der in einem der zwei Chemielabors (Seite 132) herrscht. Und doch wird hier das ganze Weltmeer vermessen; es geht Boris Koch (rechts), Stathis Papadimitrou und Thorsten Dittmar (nicht im Bild) unter anderem um DOM *(Dissolved Organic Matter)*, eines der größten Rätsel der Ozeane.

Das Nasslabor (Seite 133) ist die Herzhauptkammer der *Polarstern*. Der Raum kann von oben, von Deck aus, auch mit schweren und sperrigen Geräten bestückt werden. Im hochsterilen Spezial-Container (Seite 133, Kleinbild) forscht Delphine Lannuzel von der Gruppe um Jean Louis Tison – eine Gruppe, die sich auch bei der musikalischen Gestaltung des Weihnachtsfestes (Seite 134/135) profiliert hat.

-----alles Große wächst aus dem Chaos-------

ein Hauch von Dämmerung

Die Scholle ist beileibe kein Spielplatz. Es gibt Gefahren, und der tägliche Fuß- und Hautkontakt mit dieser Anderswelt darf nicht ganz ungeschützt geschehen. Sonnencreme zum Beispiel ist ein absolutes Muss. Eine Freundin hat mir ein Fläschchen mit Faktor 60 geschenkt, und das war nicht übertrieben. Aber so sonnenklar scheint das Problem bei weitem nicht allen zu sein. Seltsamerweise steht sogar altgedienten Männern mit reichlich Antarktiserfahrung in den ersten Tagen ins Gesicht geschrieben, dass sie die Sache mit der erhöhten UV-Strahlung noch immer nicht so richtig begriffen haben. Es gibt noch mehr Ermahnungen: Nach Möglichkeit nur entlang der ausgeflaggten Wege gehen! Eine Empfehlung die stillschweigend dahingehend aufgeweicht wird, dass Abseitsgeher – auch solche auf Langlaufskiern – ein Walkie-Talkie dabei haben sollen. Sollten! Zum Verhältnis von Imperativ (sollen) und Conditionalis (sollten) hier ein knapper Erlebnisbericht: Ich stehe auf Langlaufskiern an einer Kante, ein lieblicher »Bachlauf« vor mir mäandert durchs jungfräuliche Eis, gut einen Meter breit, das gegenüberliegende Ufer hängt ein wenig über. Nun sollte und soll man auf Überhänge bekanntlich nicht mal dann treten, wenn sie aus Fels sind. Der dort ist aus Schnee. Hart verpresstem Schnee, wie es aussieht. Oder vielleicht doch nicht ganz so hart ...? Die Skispuren, denen ich bisher gefolgt bin, sagen eindeutig, dass der- oder diejenige vor mir – vielleicht Adrienne Tivy, unser Langlaufwunder aus Kanada, oder einer der drei auf Brettern dahinfliegenden Finnen – dieses kleine Hindernis locker überwunden hat, denn jenseits der Spalte geht die improvisierte Loipe ja weiter. Also etwas Fahrt aufnehmen und ... Vollbremsung!

Es gäbe da noch eine andere Möglichkeit. Wie, wenn mein(e) Vorläufer(in) gestern, ohne es zu merken, über einen Fünf-Zentimeter-Spalt hinweggebrettert ist, der sich zwischenzeitlich auf das Zwanzigfache geweitet hat? Das würde heißen... Ich werfe noch einen Blick in den Spalt, der mir jetzt irgendwie breiter, abgründiger und gar nicht mehr wie ein harmloser Bach vorkommt. Brav rutsche ich auf meiner Spur zurück. In diesem Eisgraben, mit Skiern an den Füßen, vielleicht kopfüber... hätte ich das Walkie-Talkie dann überhaupt noch, um ...? Einmal davon abgesehen, dass ich gar keines dabei habe.

Langlauf auf der Scholle, gewissermaßen Wasserski ohne Außenborder, ist ein euphorisierendes Erlebnis. Ich würde bei keinem Seniorenwettbewerb in meiner oberbayerischen Wahlheimat auch nur in den Hoffnungslauf kommen. Aber wer von all den Freizeit-Cracks, die mich an jedem beliebigen Ski-Wochenende in Graswang/Oberammergau so alt aussehen lassen, ist denn schon mal übers Meer geskatet? Vielleicht bin ich ja sogar deutscher Meister der Klasse 50 plus auf antarktischer Meereisscholle. Mangels Konkurrenz. Schwierig wird es mit Schollenlanglauf an diesigen Tagen, wenn das Licht diffus aus allen Richtungen gleichzeitig kommt, so dass man selbst mit der kontrastierenden Sonnenbrille – ein absolutes Muss auf der Scholle! – keine Bodenunebenheiten mehr erkennen kann. Aber kein Naturphänomen, mit dem man auf der *Polarstern* wissensmäßig allein gelassen wird. Sascha Willmes von der Uni Trier erklärt mir später – über vorzüglich geratene Königsberger Klopse hinweg –, dass die Total-Albedo (die Lichtmenge, die von hellem Untergrund reflektiert wird) an

Magische Momente erlebte Fotograf Ingo Arndt gegen drei Uhr morgens Bordzeit, wenn fast alle anderen schliefen und die Sonne – hier hinter dem Schiff – ihren Tiefststand erreichte.

Nordstern im Südmeer

Der Stern des Nordens: *Polarstern*. Das Schiff verbringt den Südsommer, also unseren Winter, traditionell im antarktischen Meer. Bis voraussichtlich 2012 soll die Legende noch durch die Ozeane pflügen; dann hätte der deutsche Wissenschaftsdampfer das für eisgängige Schiffe biblische Alter von 30 Dienstjahren erreicht.

Tagen wie diesem paradoxerweise größer sein kann als die Menge des auftreffenden Sonnenlichts. Das ist dann der Fall, wenn von einer lockeren Wolkendecke das schon einmal vom Schnee reflektierte Licht abermals zurückgeworfen wird. Darum also vorhin diese gleißende Helligkeit, obwohl der Himmel nicht wolkenlos war und die Sonne diffus im Hochnebel schwamm.

An schönen Tagen ist es vor lauter Schönheit fast nicht auszuhalten. Und es ist unvermeidlich, mehrfach vom BIRD überflogen zu werden, einer Art Torpedo, von einem der Bordhubschrauber am langen Seil 15 Meter hoch über die Scholle getragen. In der dreieinhalb Meter langen High-Tech-Zigarre stecken Apparaturen, mit denen die Eisdicke gemessen wird. Das abgeflogene Messgitter über der Scholle und dem weiteren Umfeld ergibt für die Crew um Christian Haas (neben Gerhard Dieckmann, Michael Schröder und Hartmut Hellmer einer der Konzeptoren von ISPOL) ein so genanntes Raum-Zeit-Profil: Wie schnell taut das Eis im antarktischen Frühling? Wo bilden sich wann bei welchen Strömungs-, Wind- und Gezeiten-Einflüssen so genannte *ridges*, Eisrücken, die sich auffalten wie Miniaturen der Erdschollenränder im Himalaja oder in den Anden? Diese großskaligen Messungen werden ins Verhältnis gesetzt zu den vielfältigen kleinskaligen Untersuchungen: viel Handarbeit in Eis, Schnee und Labor mit Lineal und Mikroskop, Thermometer und Schublehre. Meistens sehr genau. Nur einmal, als jemand ausnahmsweise mal mit ausgestreckter Handfläche eine vorläufige (!) Messung vornahm, ließ sich David Thomas, scharfsinniger und scharfzüngiger Polarökologe aus Bangor/Wales, einschlägig

Die Schatten, die über den Polarregionen liegen, sind vermutlich von Menschen gemacht. Ozonausdünnung, überhöhte UV-Einstrahlung, Treibhauseffekt.

Die *Polarstern* ist eine schwimmende Forschungsbasis, auf der auch diesen Schreckensworten (nüchtern) hinterhergemessen wird.

Schatten über Antarktika

vernehmen: »So habe ich mir das immer vorgestellt: Die internationale Crème de la crème der Eisforschung erntet ihre Daten mit der linken Hand!« Die Kunst des Fragens steht hoch im Kurs. Wie zeichnet sich im antarktischen Frühsommer (Dezember) der Wechsel von Frost-und Tauphasen im Schnee ab? Wie wird aus solidem Schnee ein typischer Frühlings-Mischmasch, charakterisiert durch großkristallinen Harsch und von dünnen Eisschichten durchzogen? Wie dringt das Leben – als grünbraune Algenschicht den ganzen Winter über an der Eisunterseite festgewachsen – mit dem Tauwetter an die Schollenoberseite vor, so dass irritierenderweise Schollen plötzlich aussehen wie oben und unten schokoladenbraun überzogene Bruchwaffeln? Dringt, so die traditionelle Erklärung, Meerwasser seitlich von der Eiskante in die Schollen ein, wenn sie von der Last des pappig werdenden Schnees auf Meereshöhe herabgedrückt werden? Dann könnte das einfließende Meerwasser die obere Schollenschicht mit Leben impfen. Oder, und diese Annahme gewinnt immer mehr an Boden, wandert das Leben nicht vielmehr durch die mürbe werdende Scholle von unten nach oben, etwa indem es die inzwischen von Salzlauge frei gespülten Kanäle zum Aufstieg nutzt? Von besonderem Interesse ist ein Phänomen, dem Marcel Nicolaus vom AWI eine ganze Doktorarbeit widmet: Aufeis und die Frage: Wie genau kommt Süßwassereis aufs salzige Meer? Durch Schnee. Je deutlicher der Frühling die Oberhand gewinnt, desto rapider schrumpft die ehemals bis zu zwei Meter hohe Schneeauflage der Scholle zu einem Süßwasserrest zusammen, der auf der tragenden Meereisscholle gefriert. Die Schicht liegt auf, darum »Aufeis«. Da nun aber Meereis schon taut, wenn das Wasser rundum wärmer als minus 1,87 Grad wird, überlebt das Aufeis (Süßwassereis aus ehemaligem Schnee taut natürlich erst bei null Grad) noch eine ganze Weile, nachdem seine ehemalige Trägersubstanz längst wieder zu Wasser geworden ist. Dieses Phänomen verlängert die Phase, während der der zirkumpolare Südozean unter Eis liegt. Was wiederum bedeutet, dass mehr Sonnenlicht »ungenutzt« reflektiert und die Erde im Endeffekt etwas weniger aufgeheizt wird. Ich lerne dazu: Aufeis ist ein Wohltäter. Und weniger Aufeis – etwa dann, wenn es in den antarktischen Randmeeren weniger schneien sollte – könnte die globale Erwärmungstendenz verstärken. Die alte Lehre an neuem Ort: Alles hängt mit allem zusammen.

Und genau das macht die 88. Antarktisfahrt der *Polarstern* so besonders: die Zusammenhänge! Das Ineinandergreifen von Physik (hier vor allem die Bewegungen im Meer) mit Biologie (Leben am und im Eis) und Atmosphäre, der großen Gasglocke um uns, die mehr mit Eis zu tun hat, als die Öffentlichkeit ahnt. Wo Ergebnisse auflaufen, im Intranet der *Polarstern* veröffentlicht, sind sie sogleich Basisdaten für andere. Die Arbeitsleistung (Photosynthese-Leistung) von Eisalgen zum Beispiel lässt sich sinnvoll an zwei Enden messen: Wie viel verbrauchen sie, und wie viel stellen sie her? Bekanntlich verbrauchen Pflanzen Kohlendioxid und geben unter Einwirkung von Sonnenlicht Sauerstoff ab. Mathias Steffens misst den Verbrauch; er füttert »seine« Algen mit Kohlendioxid, der üblichen Nahrung aller Grünpflanzen, allerdings leicht mit radioaktiven Anteilen versetzt, die anschließende Feinmessungen ermöglichen. Am Ende einer trickreichen Versuchsabfolge weiß er, wie viel

Gestern noch rundum fest von Eis umfasst, heute mit kleinem dunkelblauem Teich vorm Bug. Das Packeis ist packend. Und es ist alles andere als starr. Tägliches Faszinosum für Wissenschaftler und Mannschaft nach dem Frühstück: der suchende Blick nach neuen Rinnen oder Eisrücken.

--vor lauter Schönheit kaum auszuhalten-----

Kohlenstoff seine Eisalgen in einer gegebenen Zeit verarbeitet haben; ihr Konsum liefert eine Messgröße für ihre Photosynthese-Leistung. Die korrespondierende Messgröße zur selben Fragestellung (Wie effektiv machen Eisalgen Photosynthese?) ist die Sauerstoffproduktion: Andreas Krell vom AWI injiziert mit hauchfeinen Kanülen noch hauchfeinere Glasfasern ins Eis, so genannte Optoden, die ihm über längere Messzeiträume die erwünschte Datenflut liefern. Beides zusammengenommen, »CO_2-Verbrauch« und »Sauerstoff-Produktion«, zeichnet ein klar konturiertes Leistungsbild des Algenrasens.

Die Leistung von Wissenschaftlern – das begreift, wer Mathias, Andreas und den anderen zuschaut – ist nicht zum Wenigsten Langstreckenlauf auf der Stelle, unerschütterlicher Mut zur Kleinteiligkeit und eine nach meinem Empfinden fast heroische Verpflichtung zu äußerster Genauigkeit. Nach solchem Anschauungsunterricht, sei es in einem der Forschungscontainer oder auf der Scholle, ziehe ich sehr genüsslich einen Strich unter meine Notizen: Genauer muss ich, genauer kann ich das kaum wissen. Für Fußnotenkonzerte im Kapiteltakt fehlt mir die antrainierte Disziplin. Wissenschaftsjournalisten sind Kassenräuber: Gebt mir alles in großen Scheinen raus! Behaltet das Kleingeld! Das kleine *und* das große Ganze interessiert die Gruppe um Jacqueline Stefels, Meeralgenexpertin aus Groningen/Holland. Sie kümmert sich um Schwefelsubstanzen, die von Meeralgen nach oben in die Atmosphäre entlassen werden. Ihr besonderes Augenmerk gilt dabei einem von Algen produzierten Stoff, Dimethylsulfat (DMS), der große Auswirkungen auf das Klimageschehen in der Atmosphäre hat. DMS hatte in den Achtzigern einen beachtlichen Presseauftritt in Zusammenhang mit der so genannten »Lovelock-« oder »Gaia-Hypothese«, einem kühnen und, wie man heute weiß, substanziell richtigen Modell, das leider lange von esoterischem Gesülze und Mutter-Erde-Geraune in Misskredit gebracht wurde. James Lovelocks Hypothese geht unter anderem von der lange bekannten Tatsache aus, dass die winzigen, über allen Meeren aufsteigenden DMS-Partikel in der Atmosphäre die Wolkenbildung anregen und verstärken. Die Ausscheidungen von Meeralgen agieren dabei als Kondensationskeime für Wasserdampf. Sie sind Wolkenbildner. Lovelocks Modell verknüpft das, was – für sich genommen – keiner bezweifelt: Viel Wärme, etwa infolge globaler Erwärmung, führt zu erhöhter DMS-Produktion, und daraus resultiert verstärkte Wolkenbildung. Viele weiße Wolken reflektieren viel Licht in den Weltraum (Albedo-Effekt!), so dass es auf längere Sicht auf der Erde wieder kälter wird. Eine große Rückkoppelung also. Erwärmung bewirkt – über die Schaltstelle Meeralgen und deren DMS-Produktion – Abkühlung.

Jacqueline und ihre Arbeitsgruppe forschen, ein wenig auf Lovelocks Spuren, ihrer eigenen Arbeitshypothese hinterher; sie vermuten, dass ein Riesenanteil der in der Südhemisphäre produzierten Wolken über dem Packeis entstehen: sozusagen direkt DMS-gefüttert. Das klingt fast absurd, wo doch das Eis ein gutes halbes Jahr als Deckel auf dem Meer liegt, ganz abgesehen davon, dass im südpolaren Winterwasser keine Algen wachsen. Die mögliche Erklärung nennt Jacqueline the *great push*: Mit Einsetzen des Frühlings und der explosionsartigen Ausbreitung der Algen

POLARSTERN

MOTORDREHZ. BB.AUSSEN
MOTORDREHZ. BB.INNEN
DREHMOMENT WELLE BB.

Thomas Wunderlich, einer von drei Steuerleuten auf der Polarstern, erlebte seine erste antarktische Eisfahrt. Schiffsarzt Uwe Kapieske dagegen ist Polar-Veteran; auf dem Trimmrad studiert er mittels aufgehängtem Laptop diverse Fachartikel, unter anderem über tropische Giftschlangen, während Gerhard Dieckmann, eines der wissenschaftlichen Schwergewichte an Bord, sich an verhältnismäßig leichten Gewichten vergreift.

------solche, die man nicht vergisst------

im Wasser (und, wie erst neuerlich bekannt, auf der Schollenoberseite unter angetautem Schnee!) dringt DMS beinahe stoßweiße in die Atmosphäre vor. Auf unserer ISPOL-Scholle gemessene hohe DMS-Konzentrationen im Dezemberschnee zeigen, dass die Arbeitshypothese wohl nicht auf schwankendem Grund steht. Die grüne Algenschicht, auf der Grenze von Restschnee zur Scholle, entlässt den »Impfstoff« für Wasserdampf, den Wolkenmacher-Stoff. Das Ergebnis klingt nach Happy End. Und es wäre durchaus ein wohlverdientes. Jacquelines Gruppe hatte auf der *Polarstern* schon bald den Ruf der Pleiten-, Pech- und Pannentruppe. Ein überkommender Brecher in der Biscaya zerknautschte bereits während der Anreise von Bremerhaven nach Kapstadt ihren Arbeitscontainer auf dem Achterdeck. Die Abgase der beiden Bord-Hubschrauber, die schräg oberhalb des Containers vom Heli-Deck starten und landen, verhinderten die behelfsmäßige Inbetriebnahme der lädierten Stahlblechschachtel; und ein Schmorbrand im schnell improvisierten Ausweichlabor sorgte für weitere Aufregung.

Die aufregenden Sachen werden in Erinnerung bleiben, nicht die Mühsal der Ebenen. Deren Ertrag wird in vielen kleinen Strömen der Polarforschung zufließen. Ein stiller Fluss. Nur hier und da wird das eine oder andere Ergebnis etwas Wirbel machen. Etliches wird wohl auch unbemerkt versickern. Die »Aufreger«, größere und kleinere, werden mündlich tradiert und verändern sich mit der Distanz zu ihrem Entstehungszeitpunkt erheblich; entgegen der Alltagslogik werden sie mit zunehmendem zeitlichen Abstand größer. Kein exakt messbares, aber ein Phänomen der Erfahrungswissenschaft.

- - ohne ein paar Volker an Bord läuft nichts - - -

Da war diese berühmte allerletzte Sekunde, in der Ozeanograph Mike Schröder vom Alfred-Wegener-Institut bemerkte, dass sein kostbares, selbst konstruiertes Gerät für Außenbord-CTDs (Wasserprobenziehen auf entfernten Schollen) nicht richtig unter dem schon abhebenden Hubschrauber befestigt war. Eine Sekunde, in der er grob geschätzt 65 000 Euro verdiente – ohne Schrottwert-Abzug, weil das Gerät sicherlich die Eisdecke durchschlagen und sich auf Nimmerwiedersehen verabschiedet hätte.

Nicht zu vergessen die Krabbenfresserrobbe, die derart rasant aus ihrem Loch gefloppt kam, dass Tauchleiter Carsten Warnke ihr nicht mehr ausweichen konnte und es zu einer glitschigen Umarmung kam. Eingeritzt auf Lebenszeit, für alle, die es gesehen haben: Der gewonnene Todeskampf einer kleinen Krabbenfresserrobbe, die sich in schier aussichtsloser Lage aus dem Fang eines Seeleoparden befreien konnte, ein Drama, dem viele von der exklusivsten und einzigen Zuschauerbühne des Weddellmeeres aus beiwohnten, der 25 Meter breiten Brücke der *Polarstern*. Die Sympathien waren eindeutig verteilt. Fast hätte es Szenenapplaus gegeben, als die Überlebenskünstlerin blutverschmiert, aber rasant dem Top-Prädator (oberstes Raubtier) der Antarktis davonrobbte. (Möglicherweise – und entgegen landläufiger Meinung – hat auch der Seeleopard Fressfeinde: die gruppenweise jagenden Orcas.)

Unvergesslich und für alle Zeiten unwiederholbar: eine Welturaufführung am 3. 12. 2004, auf 68° 11' Süd / 54° 54' West, rund 100 Seemeilen östlich der antarktischen Halbinsel: Marcelos brasilianisch-antarktische Fernhochzeit oh-

Ein Spezialdampfer wie die *Polarstern* wäre nichts ohne eine gute Mannschaft. Und eine Expedition wie ISPOL 2004/2005 braucht zusätzlich noch ein paar Wunderknaben. Chef-Maschinist Volker Schulz – an Bord ist der englische Name »Chief« gebräuchlich – hat nicht nur die 20 000-PS-Maschine im Griff (Seite 148/149). Zu seinen vornehmsten Nebenaufgaben gehören allfällige Bastelarbeiten. Gäbe es dafür keine Alleskönner an Bord, könnten schon leichte Geräteschäden dramatische wissenschaftliche Ausfälle nach sich ziehen.

ne Braut, so geschehen an Bord der *Polarstern* und feierlich vollzogen im »Blauen Salon«, beurkundet von Kapitän Uwe Pahl, während ein Vertreter in Rio etwa zeitgleich der Braut das Ja-Wort des abwesenden Weddellmeer-Ozeanographen bekräftigte. Ein Ereignis, das mit einer symbolischen Schlittenfahrt des Bräutigams zu einem Hochzeitshotel (Zelt) endete und ein paar verwirrte Pinguine auf dem Eis zurückließ. Sie hatten sich eigentlich verabredet, mit der Hochzeitsgesellschaft Spalier zu stehen, wurden dann wohl aber von den fortlaufenden Ereignissen überrascht. Und es gab mit unserem Leo auch einen Hauptdarsteller der besonderen Art, einen Typ, der zweifelsfrei zum Superstar von ISPOL 2004/2005 wurde, frei nach der Hollywood-Devise, dass die attraktiven Schurken einen Film zum Blockbuster machen und nicht die Lieben, Schönen, Guten, die immer brav die Zehn Gebote beachten.

Ich hatte Reporterglück. Ich stand unmittelbar in der Schlüsselszene, so als hätte ich es geahnt. Wie es dazu kam? Ich wollte mir ein Bild davon machen, wie die Taucher mit der Spannung fertig werden: Tauchen trotz Seeleopard, und wenn ja, wie? Und weil außerdem das Wetter gerade einem neuen Superlativ zustrebte – nie hätte ich gedacht, dass man »am blausten« und »weißest« noch steigern kann! –, schlüpfte ich in meinen Polaranzug. Den Fehler des ersten Schollentages – *overdressed* zu sein – mache ich kein zweites Mal; die Isolation der roten Ganzkörper-Hülle ist so perfekt, dass zusätzliche Kleidungsschichten schon bei moderater Gehgeschwindigkeit enorm schweißtreibend sind. Es gibt in der Tat ein kleines Garderobenproblem im Dezember auf 67 Grad südlicher Breite: Für den antarktischen Frühling (Dezember) ist »das Große Rote« fast zu warm, das »Kleine Blaue«, Anorak und Jeans, aber noch ein wenig zu kalt. An der Gangway vom Schiff aufs Eis hält mich Zooplankton-Spezialist Jan Michels kurz auf, wie so oft mit diesem »Ich-bin-im-Paradies-Lächeln«, das für mich inzwischen zu den schönen Einrichtungen dieser Reise gehört: »Weißt du, was für mich die Entdeckung dieser Expedition ist? *Slush!* Da boomt das Leben!« Jan meint die matschig grüne Zwischenschicht zwischen Meereis und Schnee, die Übergangszone, in die im Frühling Algen einwandern. Auf mehreren Gevierten werden seit Mitte Dezember AHSUPs (Ad-Hoc-Slush-Untersuchungs-Plots) eingerichtet. In einiger Entfernung vom Schiff ahne ich eine Gestalt, die im Eisbrei hockt und vermutlich löffelt. Ein paar Küchengeräte, darunter Schöpfer und eine Fleischsäge für superdünne Eisschnitte, sind mit befristeter Duldung der Küche auf die Scholle und in die Labors abgewandert. Ach, die Küche! Der Hauptanreiz für Meuterei soll über die Jahrhunderte Brechreiz gewesen sein. Von der Seite droht der *Polarstern* keine Gefahr. Was Chefkoch Ralph-Dieter Müller-Homburg, Michael Martens und Mario Tupy uns Tag für Tag vorsetzen, führt vielfach zur gleichen Bewunderungsfrage: Wie machen die das bloß?

»Wie an Land, nur mit dem schönen Unterschied, dass hier die Bezahlung ein wenig besser ist«, sagt Michael Martens, dessen Extraklasse-Brötchen mir zu Hause fehlen werden. Unter anderem 850 Kilogramm Mehl, 1000 Liter Milch, 1,3 Tonnen Kartoffeln, 500 Kilogramm Wurst werden 57 Wissenschaftler und 43 Crew-Mitglieder in zweieinhalb Monaten verzehrt haben.

DEUTZ

DEUTZ

Eis-Impressionen

----- Ein Ja-Wort am Ende der Welt -----------

Der Tauchroboter ROV (Seite 152/153) – fotografiert durch ein Spezial-Bullauge, das den Blick auf eine der beiden Schrauben freigibt – lieferte den wichtigen Video-Beweis, dass Krill den Untereis-Algenrasen beweidet. Eine meist verborgene Welt, von der man nichts bemerkt, wenn ein Schönwetterhimmel über dem großen Weiß aufzieht (Seite 150). Spannender noch: ein beginnender *White out* (Seite 154/155), der alle Konturen einschmilzt, oder tief stehende Sonne, die aus einer Fläche einen Skulpturengarten macht (Seite 157).

Nicht zuletzt die Regelmäßigkeit der Mahlzeiten sorgt für beachtlichen Konsum. Und die Regelmäßigkeit hat, neben besagter Qualität der Küche, auch damit zu tun, dass Mahlzeiten nicht nur der Nahrungs-, sondern auch der Nachrichtenaufnahme dienen. Man ist pünktlich, selbst wenn man nur sehr mäßigen Appetit hat, denn bei Tisch trifft man auch all diejenigen, die tagsüber auf der Scholle oder in ihren Labors versteckt sind. Manchmal ist der Stau vorm Trog so groß, dass Chef-Stewardess Petra Dinse kurze Wartezeiten im angrenzenden »Roten Salon« anordnen muss, umsichtig, streng-freundlich und mit einem guttural nasalen Hardcore-Sächsisch, dass es die Meeresoberfläche kräuseln würde, wenn die Eisdecke nicht jede Bewegung dämpfte. Überhaupt, die Sachsen. Und die Mecklenburger, Thüringer, Brandenburger. Ohne die Kräfte der untergegangenen DDR-Hochseeschifffahrt wäre die *Polarstern* in den letzten zehn Jahren vermutlich nicht einsatzbereit geblieben. Oder nur mit erheblicher Mühe. Das müssen an Bord letztlich auch die zugeben, die immer noch in »Ossis« und »Wessis« unterteilen.

Die Verständigung unter den »Wissis«, Bord-Slang für Wissenschaftler, war schon nach wenigen Tagen eingespielt. Wenn zu einer wissenschaftlichen oder feierabendlichen Runde in Deutsch, Französisch, Niederländisch oder Finnisch ein Amerikaner, Kanadier, Australier oder Brite hinzutritt, springt die Konversation mitten im Satz auf Englisch um. Jan schaut ein wenig sehnsüchtig die Gangway hinab, er hätte mich gerne zu den Tauchern begleitet; Tauchen fasziniert ihn auch als Nichttaucher, zumal sein geliehener Unterwasser-Tauchroboter ROV *(Remote Operation Vehicle)* vorgestern unerwartet deutliche Untereisaufnahmen von Krill und – ein sensationeller Zufall! – von einem vorbeischwimmenden Minkwal gemacht hat. Aber seine Ruderfußkrebs-Futterexperimente erreichen gerade die kritische Phase, er muss zurück in seine Kaltzelle an Bord. Leider. Also mach ich mich allein auf den Weg. Der Pfad zur nördlichen Schollenkante ist schon stark ausgetreten und vom Skidoos zerfurcht – nur noch eine Schneemobil-Zugmaschine ist im Einsatz, die andere wurde mit irreparablem Motorschaden aus dem Verkehr gezogen.

Beim Gehen im Schnee werden Gedanken frei: Seltsam, wie beim Bergfest, mit Anbruch der zweiten Halbzeit, ein neues Thema vorflutete, geradezu dammbruchartig, so als sei es zuvor nur mühsam zurückgehalten worden: Die Zeit nach der Scholle wird für die meisten Knall auf Fall wieder real. Wer macht was ab 21. Januar? Welche Karriereschritte, Urlaubspläne? Plötzlich ist wieder Land in Sicht. Und ein allererster Hauch von Rückreise liegt in der Polarluft. Auch ich ertappe mich beim Zeitnehmen. Die Zeit hier war bisher leichtgängig. Immerhin schon ein Monat plus eine Woche, aber in gefühlter Zeit etwa 14 Tage. Ich habe Toni Morrisons *Sehr blaue Augen* gelesen, dann Franz Werfels *Abituriententag* – Himmel, der Mann schreibt, dass man die Finger von der Tastatur nehmen möchte! Schließlich Dan Browns Reißer *Illuminati* durchpflügt und mich darüber gewundert, wie ein Autor eine perfekt konstruierte, hoch spannende Geschichte gegen Ende mit einem einzigen Hubschrauber-Absturz schrotten kann. Ansonsten ist meine Leseleistung eher bescheiden. Auf Kammer stehen über mir im sturmgesicherten Regal anderthalb Armlängen Bücher,

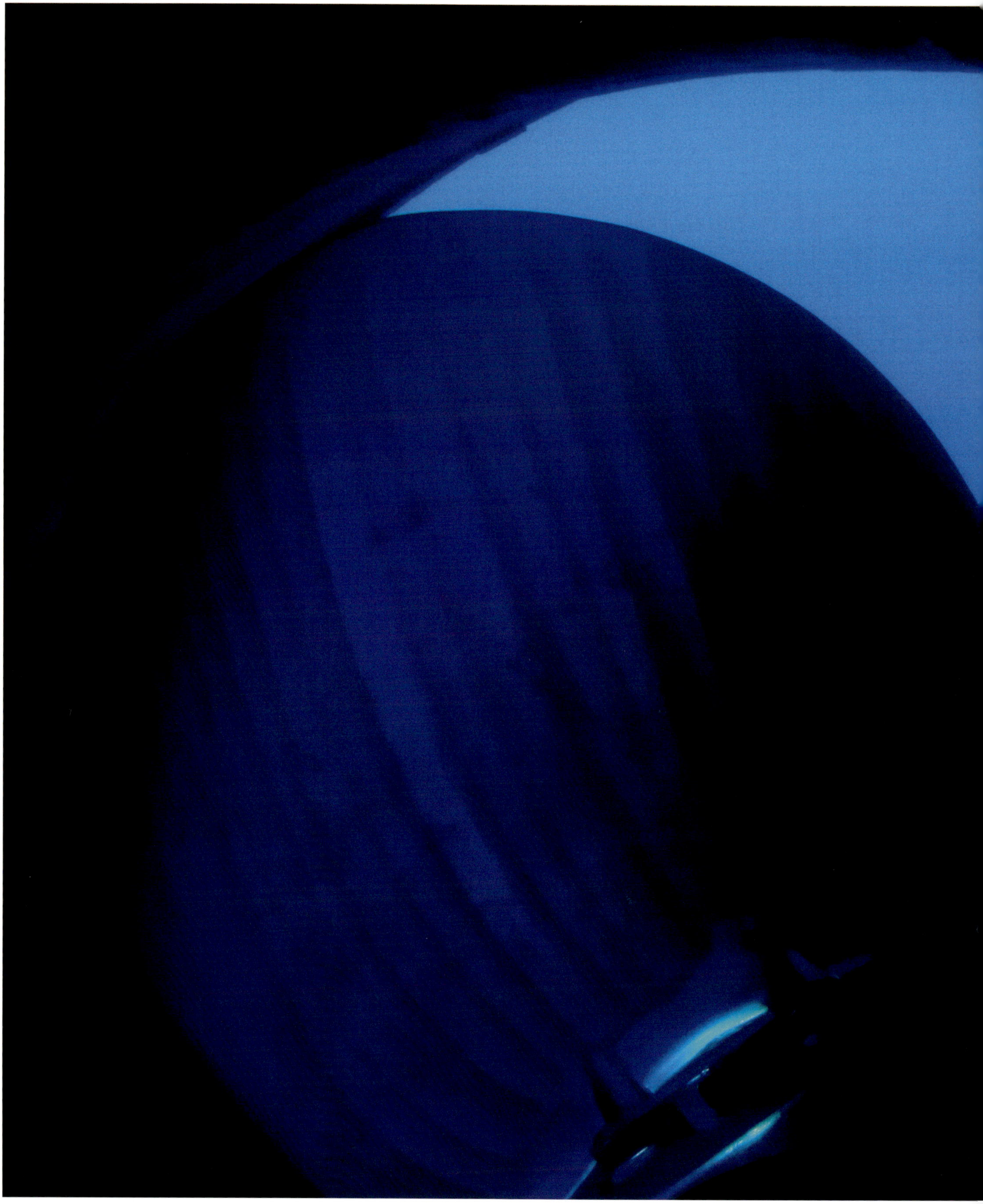

Wind, Schnee und keine Sterne

die schon als Containerfracht von Bremerhaven nach Kapstadt gefahren sind. Überwiegend Gehaltvolles, das schon lange auf Abruf zu Hause rumstand und für das an den langen Abenden hier viel Zeit hätte sein sollen. Hätte ... sein ... sollen! Schließlich habe ich Erich von Drygalskis populär geschriebenes Logbuch der ersten deutschen Antarktis-Expedition (August 1901 – Dezember 1903) nochmals vor dem Original-Hintergrund gelesen, sozusagen mit Kontrollblick durchs Bullauge und in Ehrfurcht erstarrt vor den damaligen Leistungen.

Allein dieser Erfindungsreichtum, meist geboren aus technischen Mangelsituationen: Die Wissenschaftler anno 1902 standen, wie wir dieser Tage, vor der Schwierigkeit, von einem Bohrloch zum anderen unter Eis ein Fangnetzseil zu spannen. Wo wir uns mit Jan Michels` ferngesteuertem Untereisroboter ROV behalfen, zwangsverpflichtete die Drygalski-Crew einen einheimischen Profitaucher: »So wurde denn der Vorschlag mit Freude begrüßt, für diese Arbeit einen Kaiserpinguin zu verwenden. Da sich diese Vögel jetzt sehr zahlreich am Schiff aufhielten, war schnell ein geeignetes Objekt gefunden, das am Bug des Schiffes in ein kleines Loch versenkt wurde, nachdem ihm eine Leine ums Bein gebunden war. Das unglückliche Tier wollte zunächst aus dem selben Loch wieder heraus, wurde daran aber gehindert, weil es eine andere Aufgabe hatte, und es gelang denn auch schließlich, dass es in dem Loch am Bug untertauchte und kurz darauf aus dem 50 Meter weiter abgelegenen Eisloch am Heck in dem üblichen Sprung herauskam.« Leider ohne Leine. Erst nach der dritten peinvollen Wiederholung konnte der gefiederte Zwangsverpflichtete mit Dank verabschiedet werden. Er hatte Glück im Unglück, etwa 1000 seiner Artgenossen endeten allein auf der Drygalski-Expedition als Schlittenhunde-Futter, Menschennahrung oder Brennstoff für die Kessel. Die beiden Kaiser, die mir auf dem Weg zur Taucher-Eiskante bäuchlings entgegenrutschen und sich mit leichtem Flügelschlag und Schnabeleinsatz aufrichten, haben natürlich nichts zu fürchten. Ich grüße freundlich, wie es sich gehört, und stapfe weiter, Richtung Taucher-Eiskante. Der Finnenmast mit seinen rotierenden roten Windmesser-Kugeln auf den äußeren Ästen wirkt wie ein Designer-Weihnachtsbaum, den ein verwegener Künstler ins große Nichts verpflanzt hat. Und wie ein Objekt wilder Aktionskunst sollte er wenige Tage später auch enden.

Ich erreiche die Taucher gerade noch rechtzeitig, um die Sicherheitsbelehrung des Tauchleiters mitzubekommen: Nicht zu weit unters Eis! Der Wachmann an Land, in diesem Fall eine Frau, Saskia Brandt, soll die Leine des Aktionstauchers und die Leine des sichernden Tauchers halten. Die Zeichen werden nochmals demonstriert. Signal 2 bedeutet, alles stehen und notfalls fallen lassen. Und – äußerst wichtig für die Sicherheit – Funkdisziplin halten!

Während des ersten Tauchgangs soll die Untereiskante fotografiert werden – die Biologen an Bord wollen sich ein Bild machen, wie sehr es dort schon frühlingsmäßig grünt. Luftblasen sammeln sich unter dem zarten Knäckebroteis rund um die Einstiegskante, und ich denke gerade darüber nach, ob man in diesem kalten Milieu mehr Atemluft verbraucht als in moderaten Gewässern, als plötzlich der

Sicherheitstaucher unerwartet schnell an die Oberfläche zurückkehrt. Er hat eine Schwimmflosse verloren, die nun auf ewig dem antarktischen Meer angehören wird. Der Verlust ist schnell ersetzt, aber wenig später taucht er erneut auf, dieses Mal in einem Schaumbad von Luftblasen und mit pulsierender Gesichtsmaske. Der Rückholmechanismus des Atemautomaten hat sich schockartig mit Eis zugesetzt, dadurch herrscht zu hoher Druck in der Vollgesichtsmaske, das ganze Teil zuckt konvulsivisch.

Die erste Tauchgruppe scheint eine kleine Pechsträhne zu haben, zumal sie nichts entdeckt hat, was »unsere Kunden aus der Biologie« begeistern könnte. Beim zweiten Doppelteam läuft es etwas ruhiger an, der Aktionstaucher soll unter Eis keschern, der Sicherungstaucher sichern. Sprechkontakt ist stabil, nur manchmal ein Krächzen, das die Kurzbotschaften halb verschluckt. Und dann plötzlich rund 120 Herzschläge lang: Ausnahmesituation. Der Tauchleiter und ich sehen gleichzeitig einen unverschämt breiten, dunklen Rücken, der sich durch das Wasser wölbt, knapp zehn Meter links von der Sicherungsleine der Taucher. Seeleopard! Sofort alles raus. Ich ziehe am Seil, und noch während wir mit vereinten Kräften den Sicherungstaucher über die Eiskante ziehen, bricht ein schwarzer Charakterkopf durch das Knäckebroteis, allenfalls zwei Meter vom Eisrand entfernt. Der Riesenschädel macht eine schnelle Links-Rechts-Bewegung, die typische Überblickssuche der Seeleoparden, wenn sie ergründen wollen, ob sich Essbares an der Eiskante aufhält. Dann wirft er den halb im Wasser aufgerichteten Kolossalleib zur Seite und taucht ab, ohne großen Wasserschwall zu verursachen. Saskia, die Sicherungsfrau, die bis eben an der Eiskante den Funkkontakt gehalten hat, schlägt mit einem flachen Gegenstand aufs Wasser... ob das gut ist?..., der Rest der Mannschaft wuchtet nun auch den Aktionstaucher aufs Eis. Der Leo hat ihn unter Wasser einige Male in engen Spiralen umkreist, aber offenbar ohne aggressive Attitüde. Der Aktionstaucher wirkt eine kleine Weile wie betäubt – vielleicht der Rückstrom des Adrenalins? Später wird er bestätigen, dass der Leo eher neugierig als angriffslustig wirkte; aber er sagt auch, dass ein Raubtier ein Raubtier ist, und Menschen in seine Vorstellung von guter Beutegröße passen. Alle Vorfälle der vergangenen Tage werden jetzt neu beleuchtet. Die Robbe, die »der« Seeleopard (oder »ein« Seeleopard, es sollte schon mehr als einen hier geben!) vor wenigen Tagen an einem verharschten Schneehaufen geschlagen und dann zerlegt hat, aufersteht wieder in allen blutigen Einzelheiten. Und erst die vielen Sichtungen an unterschiedlichen Orten! Wir müssen von Seeleos umzingelt gewesen sein. Die AWI-Richtlinie, dass bei Anwesenheit von Seeleoparden nicht getaucht wird, lässt Raum für Interpretation. Ist ein Leo schon dann nicht da, wenn man ihn nicht sieht, oder ist erst dann die Luft bzw. das Wasser rein, wenn er lange nicht gesichtet wurde?

Die hart ausdiskutierte Kompromissregelung der letzten Tage – nach Leo-Sichtung 36 Stunden nicht tauchen! – halten die einen für überzogen, die anderen für zu kühn, gerade angesichts der letzten Begegnung. Argumente werden abgeklopft, zurückgewiesen, hochgehalten. Höchst zweifelhafte Tatortberichte, von irgendwoher per E-Mail und Satellitentelefon herbeigeschafft, sorgen für Empörung

Dass Eis in der Sonne schmilzt, weiß jeder. Aber der sich in vielen Schritten vollziehende Rückzug des antarktischen Packeises, unterbrochen von Frostperioden, ist alles andere als eine lineare Angelegenheit.

Welche Rolle spielen die *leads* (Kanäle, Seite 160/161)? Wird es künftig gelingen, die Oberflächenstruktur und das Alter einer Scholle – beides kann man vor Ort (Seite 162/163) recht genau bestimmen – durch Satellitenaufnahmen zu ermitteln? Auch ISPOL 2004/2005 war, trotz aller Erfolge, nur eine Teilstrecke auf dem Weg zu einem umfassenderen Verständnis dieser Ausnahmelandschaft.

----------und zu Wasser sollst du werden---

auf Seiten der »Weiter-tauchen-Fraktion«. Aber was weiß man denn sicher, und was meint man nur zu wissen? Für diejenigen, die für sich und andere das Risiko abschätzen sollen, die entscheidende Frage.

Es ist zwar (wahrscheinlich?) richtig, dass noch kein Taucher unter Wasser attackiert wurde, es ist aber auch richtig, dass eine englische Schnorchlerin am Eisrand gegriffen und ertränkt wurde. Die Befürworter des Weitertauchens fühlen sich bestätigt, weil die Begegnung einmal mehr gezeigt hätte, dass Seeleoparden Taucher nicht angreifen; die Befürworter noch größerer Sicherheitspausen fühlen sich durch die Wucht der Begegnung bestärkt, und sie halten den Ton. Dazu der Hintergrundchor einiger Augenzeugen, zu denen neben mir auch David Thomas gehört. Nach einer Weile verkündet Fahrtleiter Michael Spindler das Ende des Gezerres. Ab sofort kein Tauchgang mehr! Ich erfahre es von ihm und Gerhard Dieckmann vier Tage vor Heiligabend auf Kammer, kurz vor der offiziellen Verkündigung.

Der Leo hat Opfer gekostet. Etliche Untersuchungen an Algen und Kleintieren, an Untereis-Strukturen und -Lichtverhältnissen waren alternativlos auf Taucheinsatz hin konzipiert. Statt Lernstellen nun Leerstellen. Und es gibt plötzlich Fraktionen: auf der einen Seite die Leute, die durch ihr Beharren auf höchste Sicherheitsstandards den Erfolg der Untereisbiologie geschmälert haben – berechtigt oder unberechtigt, das kann mit gutem Willen kaum entschieden werden. Auf der anderen Seite jene, die aus einsehbaren oder zweifelhaften Gründen Seeleoparden unter Wasser jederzeit über den Weg trauen. Unser Seeleo, der alsbald nach einem bekannten Angriffskrieger »George Double U« benannt wird, hat den Weihnachtsfrieden an Bord gebrochen. Dass wenig später das Fest noch andere Brüche bescheren würde, durchaus bedeutsamere, war in den Stunden der heißen Leo-Diskussionen noch nicht absehbar.

Auch ohne Messgeräte spürt man die Zerr- und Presskräfte an unserer Scholle: Am 23. 12. 2004 verlasse ich um 13 Uhr die Gangway, nicht ohne ordnungsgemäßen Eintrag im Come-and-go-Buch, und ich sehe das Halteseil achtern vor Spannung leise über mir zittern. Bei Rückkehr von der Scholle, rund eine Stunde später, schleift es locker auf dem Eis. Und auch die Eisbergruine, die seit Mitte Dezember zur verlängerten Silhouette der *Polarstern* gehört hatte, ist fast sprunghaft vom Schiffsrumpf weg verschoben. Das Eisfeld, das den alten Drifter umschlossen hielt, muss ihn sehr plötzlich freigegeben haben. Oder anders: Er steckt noch immer fest, und unser Schiff bewegt sich samt Scholle von ihm weg. Wie relativ Bewegung ist, erfährt man nirgends besser als im Packeis. Man schaut über eine Eisbruchkante ins dunkle Wasser, und plötzlich schiebt sich das Ufer, auf dem man steht, gleichmäßig an Schollensplittern vorbei, die still im Wasser liegen … Moment, das kann nicht angehen! Und man braucht einen Augenblick, um zu begreifen, dass es logischerweise nur umgekehrt sein kann – man kennt ja den Abteilfenster-Effekt, wenn der abfahrende Zug auf dem Nebengleis Eigenbewegung vortäuscht. Alles bewegt sich. Und langsam wird auch unübersehbar, dass unsere Zeit an und auf der Scholle ausläuft. Der Zeitfaktor schält auch andere Dinge frei. Man bemerkt mit fortlaufender Expeditionsdauer plötzlich Dinge,

Brash spielt eine große Rolle beim Jahreszeitenwechsel. Das Trümmereis (Seite 166/167) taut schneller als große, kompakte Schollen.

------weder lustig noch angriffslustig----

die entweder früher nicht vorhanden oder nicht auffällig waren. Und man nimmt kleine Nickeligkeiten wahr. Auf unserer Arche Noah beißen sich die großen Tiere gelegentlich gegenseitig ins Fell, aber nur so, dass es für Umstehende wie soziale Fellpflege aussieht. War nicht klipp und klar verabredet, dass jeder seine Ergebnisse allen zugänglich macht? Und warum bitte besteht Gruppe B auf Einzelveröffentlichung, wenn sie doch erkennbar das Gleiche beforscht wie Gruppe A? Aber das sind nur leichte Turbulenzen innerhalb einer positiven Grundströmung. Wie gut er ist, der Corps d`Esprit, spürt man spätestens an Festen, Weihnachten ganz besonders. War noch am 23.12. die Klage verbreitet, dass die Dunkelheit (die offenbar fest im weihnachtlichen Unterbewusstsein verschraubt ist) schmerzlich fehlt und dass die 24-Stunden-Sonne jedwede Weihnachtsstimmung irgendwie über- und ausblendet, schafft die Weihnachtsparty im »Blauen Salon« Hochstimmung fast aus dem Stand. Das Nobel- und Repräsentierzimmer des Schiffs wird zum internationalen Tanzsaal, nachdem ein Weihnachtsmann *honoris causa*, natürlich Fahrtleiter Michael Spindler, Geschenke ausgeteilt hat und in einer satirischen Weihnachts-Kurzgeschichte, illustriert von Stewardess Christine Streit, Bordbekanntes durch den Weihnachts-Kakao gezogen wird. (Moment! Kakao gab es nicht. Da ließe sich für künftige Bord-Weihnachtsfeiern noch das berühmte Sahnehäubchen aufsetzen.)

Ich werde mein Lebtag »Stille Nacht, heilige Nacht« nicht mehr hören können, ohne dass in meinem geistigen Ohr unsere 2004-Interpretation auf der *Polarstern* in sieben Sprachen schwingt, swingt und scheppert. Unvergesslich:

------ wir nannten ihn »George Double U« ------

der einzige Grieche an Bord, Stathis, der die Version in seiner Sprache mit tapferem Tenor durchtremoliert, oder der knurrige Dreifachbass der Finnen; und nicht zu vergessen das australische Solo – *o miraculum miraculorum!* – in Latein. Die Aluminiumpapier-Christbaumkugeln, auf die Porträtfotos der Expeditionsteilnehmer gepappt wurden, zuvor am Computer schön blöde verzerrt, fordern zu diversen Kommentaren heraus, von »besser als mein Passfoto« bis »endlich ein Psychoporträt von mir«.

Weihnachts-Faxe von befreundeten Instituten, allen Dienststellen und Partnern, mit denen die *Polarstern* irgendwie zu tun hat, verhängen das schwarze Brett, darunter auch ein Gruß von Bundesforschungsministerin Edelgard Bulmahn und Handschriftliches von Bremens Bürgermeister Henning Scherf. Unvergesslich auch das Festbüfett am 1. Weihnachtstag im leer geräumten Hubschrauberhangar, der gut und gerne die Größe eines mittleren Dorfgemeinschaftshauses hat. Und siehe, das Dorf versank – wohlgemerkt bei deutlich hoher Erwartungshaltung – in andächtig gefräßiger Stille. Der Name sagt es, die Polar-STERN-Küche hat mindestens einen Michelin-Stern verdient.

Aber die heftigste Bescherung kommt von draußen. In der Heiligen Nacht wird unsere Scholle schwer angeschlagen. Die Finnen haben es rechtzeitig erahnt – Finnen spüren so etwas im Zwölffingerdarm – und noch um drei Uhr ihre Datenbox vom Eis geborgen. Am nächsten Morgen hängt ihr Mast halb abgestürzt an einer schrundig aufgewölbten Bruchkante, die unsere Scholle halbiert. Eine der Windmesser/Tannenbaumkugeln dümpelte im Eismatsch. Klei-

Naheliegende Frage: »Ist es nicht gefährlich, so dicht an der Kante (Seite 170/171) oder an einem Riss zu stehen?« – Nicht, wenn man etwas Abstand hält. Risse bilden sich zwar über Nacht und auch schon mal innerhalb weniger Stunden, aber niemals so schnell wie die Spalten bei heftigen Erdstößen.

ne Spalten haben sich über Nacht zu Fahrrinnen geweitet, auf Backbord schwarzblaues Wasser, genau dort, wo ich gestern langgelaufen war. Ein neuer Presseisrücken nie gesehener Größe und Schroffheit hat Haukes kostbares Untereisnetz samt Übereis-Stahlgestänge geknickt und zerrissen. Eine von Gerhard Dieckmanns zwei Sedimentfallen ist buchstäblich verschollen.

Eine Woche später allerdings gelingt es René Hartung am Steuer-Joystick der *Polarstern* mit dem robusten Stahlmaul des Forschungsdampfers und 20 000 PS im Schiffsbauch die Falle freizupräparieren, und Bootsmann Burkhard Clasen und Matrose Reinhard Kreis angeln aus einer am Kran über Bord gehaltenen Gondel (*Mummy Chair* genannt) das wissenschaftlich wertvolle Gerät aus dem zuvor zerkrümelten Eis. Noch jedoch ist unsere ganze Scholle verschollen, zumindest das alte, vertraute Bild, das wir von ihr gewonnen hatten.

Doch eigentlich ist die Betrachtung vom gegenteiligen Standpunkt aus mindestens genauso angebracht: Welch Wunder, dass die angeschlagene Scholle sich so lange einigermaßen intakt gehalten hat, angesichts all der einwirkenden Kräfte: Der Weddellwirbel zieht sie nach Norden; Wind hält zeitweilig dagegen oder erzwingt heftige Abdrift, Kreiselbewegungen, abrupte Schwenks; Gezeiten zerren das Eis mit heftigen kurzen Rucks aus der Hauptrichtung; benachbarte Eisfelder, die einer anderen Dynamik gehorchen, wirken wie eine gigantische Leitplanke. Beim Abgleich der Daten aller Eisgruppen – die Ergebnisse werden schon während unserer Rückreise an den Fuß des Tafelbergs, nach Kapstadt, im »Kino« vorgetragen – kommen die Experten zu dem Schluss, dass unsere Scholle im Einflussbereich starker Scherkräfte lag, sozusagen auf der Naht zweier gegenläufiger Kleinwirbel *(eddies).*

So betrachtet ist es eher erstaunlich, dass unsere weiße Arbeitsplatte neben vielen, vielen Absplitterungen, Einkerbungen, Spalten nur einen mächtigen zentralen Riss hat. Bisher! »Aber«, so der australische Eisexperte Tony Worby, »unerwartet viel *brash*«, Brucheis, an den Schollenrändern zu einem grobkörnigen Brei zusammengedrängt, lässt ahnen, dass beim großen sommerlichen Dauerangriff aufs Packeis viel kinetische Energie (Bewegungsenergie) verausgabt wird, und das, noch ehe thermische Energie, per Sonneneinstrahlung und aus dem sich erwärmenden Meer, zum finalen Schollenkiller wird. Das Phänomen des Zerkrümelns an den Schollenrändern beschleunigt aber auch direkt die Eisschmelze: Viel *brash* absorbiert viel Wärme, zumal bei nach oben gekehrter dunkler Unterseite. Ergo: Die durch Zerstückelung vergrößerte Oberfläche ist tauanfälliger, verglichen mit intakten, weißen Schollen, die sich allein schon wegen ihrer Dicke länger kalt halten können und deren rein weiße Oberfläche Sonnenlicht zurückwirft.

Schollenbruch ist nicht gleich Schollenbruch; es macht einen Unterschied, ob man darüber liest oder quasi daneben steht. Das Weihnachtsereignis war heftig, aber nicht neu, es gab Vorspiele. Schon in den vergangenen Tagen mussten Schlauchboote zu abgesprengten kleineren Schollenteilen eingesetzt werden, wenn die Gruppen am alten, definierten Ort weiterhin Kerne ernten oder Eis- und Schneedicken

messen wollten. Mit leichter Verspätung erfahren wir, dass rund zwei Tage nach unserem Schollenbruch die schlimmste bis dato registrierte Tsunami-Katastrophe der neueren Geschichte ihren Anfang nahm – ein Ereignis, das auch an Bord Betroffenheit auslöst und eine Spendenaktion der besonderen Art: Versteigerung von *Polarstern*- und ISPOL-Souvenirs zugunsten der Überlebenden.

Der Geophysiker Alfred Wegener, AWI-Namenspatron, veröffentlichte 1912 seine anfangs stark angezweifelte Drifttheorie von der Bewegung erdoberflächlicher Schollen: gegeneinander und voneinander weg. Seither sind die feurigen und sintflutartigen Begleiterscheinungen zwar nachvollziehbar, aber deshalb keineswegs weniger schrecklich. Der Gegenstand unserer Aufmerksamkeit, Meereis-Drift, hat nur den Namen gemein mit der makrogeographischen Kontinentaldrift. Und doch zeichnet auch diese wandelbare Eis-, Schnee- und Wasserwelt ein Bild von verborgener, unvorstellbar großer Kraft. Wer noch gestern dabei in Schweiß geriet, das eingefrorene Sicherungsseil einer Sedimentfalle eisfrei zu kratzen, erkennt tags darauf, dass »irgendwas« schweigend und zentimeterweise die ganze, durchschnittlich anderthalb Meter dicke Scholle auf mehrere hundert Metern auseinander gezogen hat, so wie Wind Wolken teilt. Da wird die Betrachtung der neuen Landschaft unwillkürlich zur Gedenkminute.

Das Forscherleben – diese Feststellung ist schmerzlich banal angesichts fast 300 000 ertrunkener Menschen – geht weiter. Wir brauchen eine Ausweichlösung für die letzte Woche im Eisfeld. Die *Polarstern* wird verlegt, schiebt sich in die Zentralspalte, die unsere Ex-Scholle jetzt teilt; von hier aus sind die abgesprengten Teile ungefähr gleich leicht oder schwer zu erreichen.

Für die Gruppe um den Brüsseler Glaziologen Jean Louis Tison ist die erzwungene Verlegung der *Polarstern* nicht ganz unproblematisch; die »Belgische Gruppe« hatte wegen ihrer feinstofflichen Eisenmessungen die Maximalentfernung zum Schiff gesucht – der derzeit größten Eisenansammlung im Weddellmeer.

Nun rückt ihnen die *Polarstern* ausgerechnet von *der* Schollenkante aus auf die Pelle, die vor dem Weihnachts-Schollenbruch das Ende der längsten Geradeaus-Entfernung vom Schiff markierte. Die Gruppe wirkt im (Eis-)Feld immer ein wenig so, als hätten sich Ärzte und Schwestern auf dem Weg zum OP im Schnee verlaufen: weiße Gaze-Schutzüberzüge über der Normalkleidung, OP-Handschuhe, die Schuhe stecken in Extra-Plastiktüten, die an den oberen Rändern sorgfältig mit Plastikband verklebt sind.

Ihr Schollenareal ist mit Signalband gesichert wie eine Quarantäne-Station oder ein Tatort; und per Skidoo und Nansenschlitten nehmen sie etwa das Zehnfache dessen an messtechnischem Gerät mit aufs Eis, das andere Gruppen benötigen. Hubschrauberüberflüge fürchten sie so, als könnten ihnen die lärmenden Brummfliegen auf den Kopf fallen.

Was die Arbeit für sie so schwer macht, ist ein Metall: Eisen. Es ist nur in so geringen Mengen in Eis, Schnee und Luft vorhanden, dass man Gefahr läuft, eher das Eisen-

Letzter Blick aus einem Hubschrauber (Seite 174/175) – der andere ist unten rechts im Bildausschnitt zu erkennen – auf Eisfelder nahe der ISPOL-Scholle. Die Flächen mit offenem Wasser vergrößerten sich in der letzten Dezemberwoche fast sprunghaft.

atom zu messen, das einer vom Nassrasieren an einer übrig gebliebenen Bartstoppel mit nach draußen gebracht hat, als natürliche Gegebenheiten vor Ort. Die Gruppe beforscht unter anderem Eisenmangel, ein Phänomen des antarktischen Packeises, das schon länger bekannt ist, aber dennoch Rätsel aufgibt. Eisenmangel ist die allgemeine Antwort auf die Frage, warum die Chlorophyll-Produktion der Südmeer-Algen nicht deutlich höher ausfällt. Wo doch im Südsommer täglich 24 Stunden Sonnenschein für reichlich Arbeitszeit sorgen; und auch das Nährstoffangebot im Wasser ist nicht schlecht. Das Packeis ist ein so genanntes HNLC-Gebiet: *high nutrients, low chlorophyll,* viel Nährstoff, wenig Chlorophyll.

Eisen, für Photosynthese ein unerlässlicher Faktor, ist Mangelfaktor im Packeis; aber *gleichwohl* – und hier wird das Eisenrätsel magnetisch – gibt es antarktische Algen-Massenblüten im Frühjahr. Wie das? Versorgen sich die Algen mit Eisen, das aus eisenhaltigem Bodensediment aufgeschwemmt wird? Unwahrscheinlich bei den eher abwärts gerichteten Fließbewegungen im Weddellmeer. Muss man den schon emsig beforschten Streudosen-Effekt rund um Eisberge stärker in Rechnung stellen? Eisberge, die aus Antarktika mitgeschleiftes Sediment und im verpressten Schnee gefangene Feinstoffe ins Meer eintragen, steigern in ihrem Umfeld das Algenwachstum.

Aber weder die – nicht sehr wahrscheinliche aber denkbare – Eisenlieferung durch Meeresströmungen, noch die »Eisberg-Düngung«, noch der Lufttransport von den weit entfernten Kontinenten vermögen bisher befriedigend zu

wieder auf Rammfahrt

Die Rückfahrt führt die *Polarstern* – zur Verblüffung einiger Passagiere – auch wieder durch geschlossene Eisdecke: Der Press, der Druck, den der Weddellwirbel gegen die antarktische Halbinsel ausübt, schiebt in Küstennähe die Eisfelder zu einer Großfläche zusammen, in der die *Polarstern* mehrfach stecken bleibt. Dann muss das Schiff in der eigenen Spur zurücksetzen (Seite 176/177) und Anlauf zum Rammstoß nehmen.

Presseisfelder, bestehend aus zusammengeschobenen Eisbrocken (Seite 178/179), dehnten sich manchmal bis zum Horizont.

Der nördliche Eisrand (links) ist ausgefranst. Eine Übergangszone, die selbst auf dem Rückzug ist: südwärts.

Ein paar Tagesreisen nordwärts erwarten uns wieder die Fluggroßmeister der Südhalbkugel: Wanderalbatros (Seite 182) und Rußalbatros (Seite 183).

Brechen Eisalgen Naturgesetze?

erklären, wie südpolare Algen ihr Eisen-Dilemma lösen: Woher nehmen und nicht stehlen? Um mehr und bessere Daten an die Hand zu bekommen, untersuchen Jean Louis Tison, seine Mitarbeiterin Delphine Lannuzel und der Lütticher Geochemiker Bruno Delille die Eisenverteilung: im Wasser, im Eis, im Schnee, im Schneematsch *(slush)* – das ist die frühlingstypische Zwischenschicht zwischen Schnee und Scholle – und in der Luft darüber. Erste Sofort-Analysen deuten auf eine kleine Sensation: Eisen ist im Meereseis und im Schnee bis zum Hundertfachen höher konzentriert als im Wasser darunter – wie und woher auch immer es dorthin kommen mag. Außerdem zeigen Bruno Delilles CO_2-Messungen, dass Eisalgen hoch potente CO_2-Verbraucher sind. Die alte Annahme, dass Packeis, solange es auf dem Wasser liegt, wie eine luftdichte Decke jedes Algenleben erstickt, ist demnach grundfalsch. Eisalgen übernehmen, wo Meeralgen Winterpause machen müssen. Die CO_2-Senke Weddellmeer ist offenbar nicht nur auf Sommerbetrieb eingestellt.

Gruppenmitglied Jeroen de Jong aus den Niederlanden möchte versuchen, daheim am Massenspektrometer festzustellen, ob auf der ISPOL-Scholle gefundene Eisenspuren unterschiedliche Atomgewichte aufweisen und beispielsweise aus Australien, aus dem Sediment des Weddellmeeres, aus Antarktika oder Südamerika stammen. Eine komplizierte Spurensuche mit, wie Jeroen einräumt, beschränkten Erfolgsaussichten. Wenn das Eisenrätsel sich weiterhin eisern dagegen wehren sollte, geknackt zu werden, kann es kaum am Einsatz der Gruppe um Jean Louis liegen. Deren Arbeitszeiten auf Scholle und im Labor gaben an Bord zu allerhand Legendenbildung Anlass. Kommentar eines ebenfalls hart arbeitenden deutschen Wissenschaftlers: »Gut, dass die Gruppe deutschfrei besetzt ist, sonst würde es wieder heißen: Immer diese Deutschen mit ihrer gusseisernen Arbeitsmoral!«

Auch für mich war Eisen ein Thema, oder doch eher eine große Metapher. Die eiserne Lady *Polarstern* mit ihrem hier und da schon leicht rostigen Charme ist eine Frau mit Vergangenheit, eine Persönlichkeit, eine, die man nicht vergisst. Sie ist noch kein altes Eisen, dank solider Bauweise und regelmäßiger Gesundheitschecks. Raue Schale – ein Muss bei den vielen Eisfahrten – und kerniges Innenleben. In der Bordbar »Zillertal« – nur gelegentlich in Betrieb, wenn sich Freiwillige für den Dienst am Tresen finden, kleben hundert oder mehr Aufkleber, die von vergangenen Begegnungen und Expeditionen der *Polarstern* erzählen. Ein Flickenteppich der Erinnerungen. Das Pendant dazu, sozusagen in Edel, sind Standartenwimpel und Wappenteller im »Blauen Salon«, der feinen Stube des Schiffs auf dem B-Deck, unterhalb der Brücke.

Wenn man beim Betrachten dieser Memorabilien neben den Richtigen steht oder sitzt – etwa neben Urgestein der *Polarstern* wie Chief Volker Schulz und Chef-Elektroniker Martin Fröb, nicht zu vergessen die Stewardess Taifun-Elli, die nach drei in Folge abgerittenen Monsterstürmen als unsinkbar gilt, oder neben einem der wissenschaftlichen US-Mammutbäume wie Robin Muench und Miles McPhee, die schon im Eis standen, als etliche Teilnehmer dieser Expedition noch mit den vier Grundrechenarten kämpften –,

Einige Eisfelder hat es verblüffend weit nach Norden verdriftet. Wo auch sie enden, treiben immer noch Eisbergtrümmer (Seite 185) in der Drake-Passage, der sturmgepeitschten, wildesten Region der Weltmeere. Uns bot sie sich nur nebelig und so still wie ein Binnengewässer.

Mahlströme böser Geister

dann zündet eine Geschichte die nächste, dann wird aus einem Intensivarbeitsplatz, der dieses Schiff zweifellos zuallererst war und ist, ein Traumschiff, das durch Wolken segelt und Vanilleeis durchschneidet, das den Mahlströmen böser Meeresgeister entkommen ist und ab und an fast von innen zerrissen wurde – vor Gelächter.

Viele zählen auch die Poltaufen zu den Begebenheiten, die es wert sind, dass man sie sich auf der Zunge oder der Netzhaut zergehen lässt. Ich habe die unsrige, nach witzigem Auftakt mit Seewasserbrausebad auf dem Hubschrauberdeck, clowneskem Auftritt der Meergeister, herrlich schrägen Kostümen, pointierten Schmähreden, zum Ende hin dann noch ein wenig als Schmierentheater empfunden: als Geschmiere mit Essensresten.

Bessere Geschichten beginnen meist mit: Wisst ihr noch! »Ha! ... wisst ihr noch? Damals, als dieser Beau ... wie hieß der doch noch gleich ...? Also, als dieser Schönling die kleine Doktorandin ins Krähennest abgeschleppt hat und nicht wusste, dass man von unten aus das Mithör-Mikrofon einschalten kann ... Oder dann die Sache, 1992, als vor Grönland dieser Typ, der immer damit angegeben hat, dass er ...«. Aber das wäre ein anderes Buch.

Fürs Familienalbum: die ISPOL-Wissenschaftler kurz bevor die *Polarstern* ihre Heimatscholle verließ. Vier »Wissis« und ein Pilot waren mit dem Hubschrauber unterwegs und sind deshalb nicht auf dem Gruppenfoto.

----ein Großfamilienbild zum Schluss-------

Epilog

Abschiedsworte an eine Scholle

Gegen Ende einer Expedition mit der *Polarstern* gibt es ein sicheres Indiz dafür, dass sich die Gedanken wieder Richtung Festland bewegen: Selbst die Ritualbalzer und Reflexflirter (innen) an Bord haben plötzlich, so erfährt man beiläufig, feste Ankerplätze im Norden. Aber auch das passiert: Zwei aus meiner persönlichen Spitzengruppe der *los mas sympaticos* sinken sich, sei es aus Torschluss-Euphorie oder aus Liebe – das muss ich nun wirklich nicht wissen –, noch rund 1500 Seemeilen vor Kapstadt in die Arme.

Es gibt ein Leben nach der Scholle, und es wird in etwa das sein, das man vorher gelebt hat. In etwa. Die erwartete Abweichung – in welche Richtung genau, weiß ich in meinem Fall noch nicht – ist mir Grund genug, diese faszinierende Wasserwelt am Morgen der Abreise noch einmal eingehend zu betrachten.

Unsere Scholle ist wieder *eine* Scholle, unbeflaggt, unbebaut, unbeobachtet. Fast unbeobachtet – ein paar finnische Bojen bleiben noch eine Weile auf Posten und melden sich per Satellit regelmäßig zum Rapport. Aber die Belagerung ist aufgehoben. Noch nie konnte ich mir so sicher sein, einen Ort für immer zu verlassen.

Ein bisschen *memento mori* liegt in der Polarluft. Es gibt kein besseres Sinnbild für Vergänglichkeit als Eisschollen. Aber das Gegenteil ist genauso richtig. Die Eiswüste lebt. Das Leben, das von Meereis getragen wird, das mit Ruderfußkrebsen und Krill gewaltig an Drehmoment gewinnt, das in Gestalten wie Pinguinen, Albatrossen, Robben und Walen kulminiert, das sich über Eis- und Meeralgen von zu viel CO_2 befreit, über DMS den (Wolken-)Himmel steuert und über DOM den Ozean düngt, lässt sich nicht beeindrucken von dem, was Menschen für wirklich und für unwirklich halten. Es existiert einfach, ohne nach wissenschaftlichen Referenzen zu fragen.

Und in diesem entlegenen Meer – einem Meer, in dem moderne Welt-Mythen geboren wurden wie die Shackleton-Drift auf des Todes Messerschneide, in dem verkannte Helden unfassliche wissenschaftliche Pioniertaten vollbrachten, wie mein persönlicher Held, Erich von Drygalski –, ausgerechnet in diesem Randmeer bekommt der Puls der weltumfassenden Ozeanströmungen seinen bestimmenden Rhythmus aufgeprägt.

Ausgerechnet hier wird im großen Stil versenkt, was wir gern versenkt sehen, das Treibhausgas CO_2. Und hier liegen – ausgesprochen oder verschlüsselt – Datensätze für ein Klima-Rechenmodell, eines, das wir brauchen, wenn wir uns noch eine Chance ausrechnen wollen.

Die Scholle, die die *Polarstern* am 2. 1. 2005 um zwölf Uhr auf 67° 21' Süd / 55° 23' West zurücklässt, ist nur noch ein dickmilchfarbener Schatten ihrer selbst, eine Teilmenge dessen, was wir am 28. November 2004 vorfanden. Aber es ist ja nichts verloren gegangen. Es scheint nur so.

Fotograf
Autor

Der Biologe Hauke Flores fotografierte Ingo Arndt bei einer kurzen Konzentrationspause vor seinen Darstellern.

Claus-Peter Lieckfeld erprobte sich als wissenschaftlicher Hilfsarbeiter im Arbeitsgang der *Polarstern:* hier beim Verschließen von Wasserproben in Kupferrohren.

Ingo Arndt arbeitet seit mehr als zehn Jahren als Tier- und Naturfotograf. Seine Bilder haben internationale Anerkennung gefunden und werden in Magazinen wie *GEO, National Geographic, Airone* oder *BBC Wildlife* veröffentlicht. Reportagereisen führten ihn auf alle Kontinente, dabei fotografierte er Tiere und ihre Lebensräume, meist über mehrere Wochen. Für seine Arbeiten erhielt er zahlreiche Auszeichnungen. Unter anderem wurde er bei »World Press Photo« und mehrfach beim »BG Wildlife Photographer of the Year« ausgezeichnet.

Claus-Peter Lieckfeld begann seine journalistische Arbeit Anfang der achtziger Jahre als Redakteur der Zeitschrift *natur*. Seither erschienen von ihm zahlreiche Natur- und Tierreportagen in *GEO,* der *ZEIT, mare, Merian,* dem *SZ-Magazin* und anderen Orten. Er schrieb Theaterstücke, Hörspiele, historische Romane, zahlreiche Sachbücher und ist Herausgeber einer Buchreihe zum Thema Natur. Bei Frederking & Thaler hat er die Texte zu dem Bildband von Carlo Mari *Mein Traum von Afrika* verfasst.

Daten & Fakten

---Stichworte, Spitzmarken, Statistik------

Das Alfred-Wegener-Institut für Polarforschung, kurz AWI, wurde am 15. Juli 1980 in Bremerhaven gegründet. Erster Direktor wurde im April 1981 der Kieler Meeresbiologe Prof. Dr. Gerhard Hempel. Die Aufgaben des Instituts definiert die Satzung: Förderung der Polarforschung durch eigene Vorhaben, Koordination und logistische Unterstützung der Polarforschung in der Bundesrepublik Deutschland, wissenschaftliche Zusammenarbeit mit internationalen Einrichtungen auf dem Gebiet der Polarforschung. Das AWI ist eine Großforschungseinrichtung des Bundesministeriums für Forschung und Technologie und wird zu 90 Prozent aus Bundesmitteln, zu 10 Prozent aus dem Landeshaushalt von Bremen finanziert.

Die wichtigsten Daten der *Polarstern*. Seit Ende Dezember 1982 nutzt das AWI ein Forschungsschiff mit hoher Eisklasse, die *Polarstern*, für Expeditionen in beide Polarregionen und zur Versorgung ihrer Antarktis-Station Neumayer. Die Fertigstellung des Schiffes kostete seinerzeit 2,2 Millionen DM.

Indienstnahme: 27. Dezember 1982
Länge über alles: rund 118 Meter
Breite auf Höhe der Spanten: 25 Meter
Höhe von Kiel bis Peildeck: 30,4 Meter
Tiefgang: maximal 11,21 Meter
Verdrängung bei maximalem Tiefgang: 17 300 Tonnen
Leergewicht: 11 820 Tonnen
Motorleistung: 20 000 PS
(vier Maschinen, zwei Wellen, zwei Schrauben)
Höchstgeschwindigkeit: 16 Knoten (knapp 30 km/h)
Die *Polarstern* ist per Definition kein Eisbrecher, verfügt aber über die Qualitäten eines leichten Eisbrechers.

Seit ihrer Indienstnahme und bis zum 19. Januar 2005, dem letzten Tag von ISPOL 2004/2005, hat die *Polarstern* insgesamt 148 Reisen hinter sich gebracht, davon 60 in die Arktis und 88 in die Antarktis.

Das Schiff hat seit seiner Inbetriebnahme 1 111 048 Seemeilen, (2 057 611 Kilometer – Stichtag 19. 1. 2005) zurückgelegt, das entspricht rund 51 Erdumrundungen oder fast der fünffachen (mittleren) Erde-Mond-Entfernung. Seit dem 1. 1. 1996

Das offizielle Emblem von ISPOL

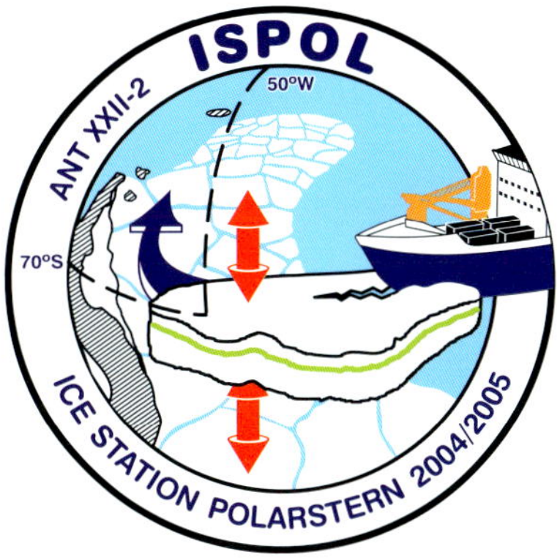

wird die *Polarstern* von der Reederei F. Laeisz betreut (davor von Hapag Lloyd). Die *Polarstern* wurde in den Jahren 1997–1999 schrittweise generalüberholt, dabei teils umgerüstet und soll mindestens bis 2012 im Dienste der Wissenschaft unterwegs sein.
Die Betriebskosten des Schiffes bei wissenschaftlichem Einsatz werden mit 40 000 Euro pro Tag angegeben.

Das Schiff hat Einrichtung (Schlafplätze) für maximal 124 Personen. Es gibt acht Winden und fünf Kräne an Bord, um Messgeräte und schwere Last zu bewegen. Der größte Kran hat eine maximale Traglast von 25 Tonnen. Die stärkste Winde kann mit einer Zuglast von 24 Tonnen belastet werden und maximal 9500 Meter Stahlseil abspulen.

Von den jeweils um die 45 wissenschaftlichen Passagieren pro Expeditionsfahrt waren im langjährigen Durchschnitt etwas mehr als ein Fünftel Teilnehmer aus dem Ausland.

Ein paar Daten zu ISPOL 2004/2005. Auf ihrer Antarktisexpedition (Kapstadt – südwestliches Weddellmeer – Kapstadt) vom 6. 11. 2004 bis zum 19. 1. 2005 fuhren auf der *Polarstern* 43 Besatzungsmitglieder und 57 Wissenschaftler (zwei Hubschrauberpiloten, zwei Hubschraubertechniker, zwei Bord-Meteorologen, ein Fotograf und ein Journalist inbegriffen). Bei einer Gesamtfahrstrecke von 7610 Seemeilen (13 698 km) verbrauchte die *Polarstern* 2319,2 Tonnen Kraftstoff (damit könnte man 770 Einfamilienhäuser ein Jahr lang beheizen) und 26 166 Kilogramm Schmieröl. Aus 8160 Kubikmeter Seewasser wurden 2 720 000 Liter Trinkwasser gewonnen. Bordarzt Uwe Kapieske und Krankenschwester Olli Schöndorfer registrierten rund 200 Arztbesuche, die Mehrzahl wegen Seekrankheit und Schleimhautproblemen (infolge sehr trockener Luft an Bord). Einzige schwierige Situation: ein Nierensteinabgang. Es wurden zwischen 900 und 1000 Eiskerne für wissenschaftliche Zwecke gezogen.

Zwei Helikopter der Firma Heli-Transair waren mit den Piloten Jürgen Büchner und Marcus Federowitz 160 Stunden in der Luft und verbrauchten 33 405 Liter Kerosin.

Es wurden 16 500 Liter Meerwasser aus Tiefen von 370 bis 4600 Metern geschöpft, 16 400 Liter von Bord der *Polarstern* und 100 Liter per Hubschrauber-Einsatz auf entfernten Schollen (siehe Fotos auf Seite 118/119).

Zwei Schneemobile fuhren auf der ISPOL-Scholle während knapp fünf Wochen 1189 Kilometer; ein Skidoo konnte nur während eines Drittels der Zeit eingesetzt werden.

Es wurden 25 Bojen im Packeis ausgesetzt, davon 20 sendefähige, die Daten über Position, Temperatur und Luftdruck übermitteln. Ferner wurden Eisbergbojen ausgebracht, die Daten über Driftrichtung und -geschwindigkeit versenden; außerdem kam ein Nemo-Drifter zum Einsatz, eine Tauchboje, die mit computergesteuertem Langzeitgedächtnis auf- und abtaucht und ihre Ergebnisse an Forschungssatelliten übermittelt.

Daten & Fakten

ein Wasserfall im Meer

Schematische Darstellung der Tiefenwasserbildung im südwestlichen Weddellmeer

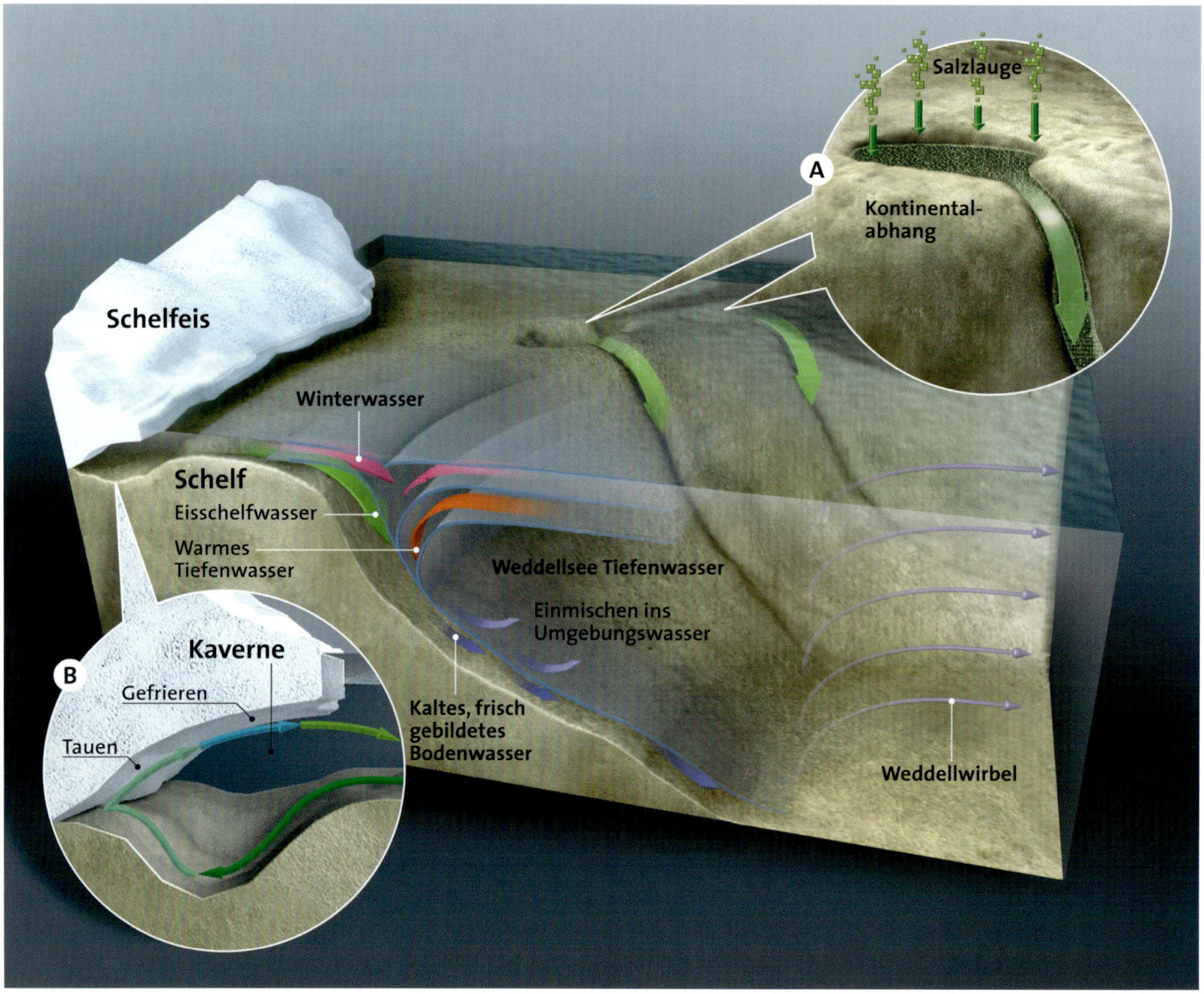

Großräumige Zirkulation
im Südatlantik und Weddellmeer

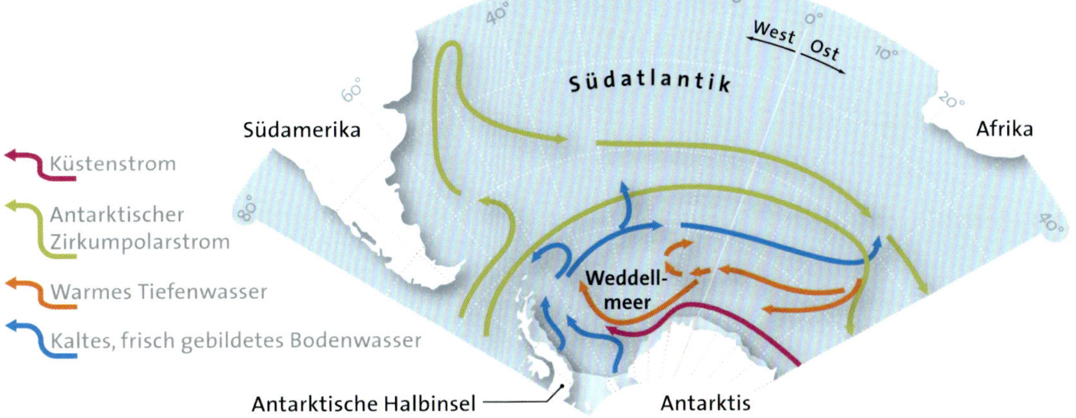

AWI-Ozeanograph Dr. Mike Schröder kennt das schon: Wenn die Öffentlichkeit etwas übers Meer wissen will, sind die Biologen gefragt; Tiere geben immer ein nettes Bild. Meeresströmungen dagegen sind nicht leicht zu verstehen.

Versuchen wir es mit seiner Hilfe trotzdem!
Der sechste, der eisgepanzerte Kontinent ist beides: zum einen von markanter Strömung umrundet, zum anderen selbst so etwas wie Impulsgeber für das globale System der Meeresströmungen. Der Zirkumpolarstrom (kleine Grafik, olivfarbener Pfeil) umströmt die Antarktis im Uhrzeigersinn etwa zwischen dem 45. und 60. Breitengrad – mit einer erheblichen Nord-Ausbuchtung entlang der südamerikanischen Ostküste. Die Zirkumpolarströmung ist ein mächtiger Fluss im Meer, der von keinerlei Landbarriere aufgehalten wird. Die scharfe Nordgrenze des Zirkumpolarstroms gegen den Südatlantik nennen Ozeanographen die Subtropenfront. Als lokale Besonderheit – provoziert durch die nach Norden vorspringende antarktische Halbinsel – dreht sich südlich des Polarstroms zwischen 50 Grad West und 30 Grad Ost der Weddellwirbel (rot und blau entsprechen der Temperaturabnahme von Ost nach West) – und zwar ebenfalls im Uhrzeigersinn. Und wie um alles noch ein wenig zu verkomplizieren, verläuft in unmittelbarer Küstennähe, gegenläufig zum Zirkumpolarstrom, der antarktische Küstenstrom (lila). So weit die *horizontalen* Großströmungen im atlantischen Sektor des Südpolarmeers. Es gibt aber auch eine *vertikale* Komponente (große Grafik links), einen gigantischen »Wasserfahrstuhl«, der Oberflächenwasser auf den Meeresgrund absinken lässt und damit Impulse gibt, die weltweite Auswirkungen haben. Ehe wir diese Dynamik anhand der Grafik auf Seite 194 zu erklären versuchen, zwei wichtige Begriffe, ohne deren Verständnis die Abwärts-Fließbewegungen im südwestlichen Weddellmeer rätselhaft bleiben müssten: *Schelf* und *Schelfeis*. Als Schelf bezeichnet man den mehr oder minder ebenen Festlandssockel eines Kontinents, also die flache (bis maximal 500 Meter Wassertiefe) Fortsetzung des Landsockels unter der Meeresoberfläche, bevor er mit dem Kontinentalabhang auf das Niveau des Tiefseebodens fällt. Schelfeis ist *der* Teil des antarktischen (Süßwasser-) Gletschereises, der über den Küstenrand hinaus weit ins Meer ragt, gewissermaßen ein Kragen, der auf dem Meer schwimmt aber an seiner Rückseite am Festland fixiert ist. An seinen äußeren Kanten brechen Eisberge ab und driften in den Ozean, meist von gigantischen Packeisfeldern aus treibendem Meereis umlagert. Entscheidender Faktor dafür, dass Wasser absinkt, ist seine Dichte, sein Gewicht. Die Dichte wird im Wesentlichen durch zwei Größen bestimmt: Temperatur und Salzgehalt. Weil beim Gefrieren von Salzwasser an der Oberfläche natürlich immer nur der Süßwasser-Anteil gefriert, wird das zurückbleibende Salz in den darunter liegenden Wasserschichten angereichert. (Dass ein kleinerer Teil dieses Salzes *im* Meereis als Lauge, genannt *brine*, eingekammert wird – im Hauptteil dieses Buches ist vielfach die Rede davon –, spielt an dieser Stelle für das Verständnis keine Rolle.) Diese stark mit Salz angereicherten Schichten unter dem Eis werden schwerer. Das Wasser sinkt ab. Der Wasserfahrstuhl setzt sich in Bewegung. Das passiert allerdings nicht nur im Weddellmeer sondern überall dort, wo Salzwasser gefriert. Die Besonderheit im südwestlichen Weddellmeer ist zweifach: Zum einen betrifft sie den Meeresuntergrund und die relativ geringe Wassertiefe, zum anderen das Schelf-

Daten & Fakten

eis, den Süßwasser-Eiskragen, der sich vom Kontinent aus weit ins Meer vorschiebt. Beginnen wir mit dem küstennahen Meeresboden im südwestlichen Weddellmeer. Er bewirkt, dass schweres Wasser sich nicht – wie in vielen Kaltmeeren der Welt – sofort in die Tiefsee verliert, sondern »gestapelt« und stetig konzentriert wird.

Wenn nun das schwere Wasser den Raum über dem Schelf (über dem küstennahen Meeresboden) auf- und ausgefüllt hat, fließt es – bevorzugt in Rinnen – ins tiefe Weddellmeer-Becken ab (Teilgrafik A). Aber nur zum Teil! Ein anderer Teil – wir kommen zur zweiten Besonderheit – dieser salzreichen Wassermasse (*hochsalines Schelfwasser*) sinkt in die Tiefenkavernen unter den großen Schelfeiskragen ab. Dieses Wasser, um minus zwei Grad Celsius kalt, trifft dabei auf minus 20 Grad kaltes Schelfeis und taut das Süßwassereis von unten ab. Durch diesen Schmelz/Süßwasser-Schub wird das Schelfwasser salzärmer und das heißt zugleich: leichter. Es steigt an der Unterseite des Schelfeises auf und gibt ihm dabei seinen charakteristischen Schliff. Während dieser fließenden Berührung kühlt es stetig ab und wird zum so genannten *Eisschelfwasser* (Teilgrafik B). Normalerweise müsste es jetzt gefrieren, was aber allein durch den auflastenden Wasserdruck verhindert wird. Das *Eisschelfwasser* schichtet sich als zweitschwerste Wassermasse (über dem schwereren *hochsalinen Schelfwasser*) ein, erreicht aber nicht mehr die Oberfläche. Hat sich so viel *Eisschelfwasser* angesammelt, dass es den Kontinentalabhang erreicht – das heißt die Schwelle, an der der Kontinentalsockel endet und das tiefe Weddellmeerbecken beginnt –, fließt es ebenfalls in die Tiefe, weil alles umgebende Wasser leichter ist. Das *Eisschelfwasser* verstärkt also den oben beschriebenen »normalen« Abwärtstrend des Wassers unterhalb einer sich bildenden Meereis-Bedeckung. Das südwestliche Weddellmeer ist damit eines der wenigen Gebiete der Erde, wo kaltes, salziges Wasser permanent in die Tiefe sinkt und damit einen impulsartigen Schub für das erdumspannende Strömungssystem bewirkt. Der ozeanographische Teil von ISPOL 2004/2005 diente unter anderem der Differenzierung und Mengenbestimmung unterschiedlicher Wassertypen und Quellen der Tiefen- und Bodenwasserbildung.

Seite 197 zeigt die ISPOL-Drift-Karte. Jeweils um zwölf Uhr mittags wurde die Position der *Polarstern* und »ihrer« ISPOL-Scholle über GPS ermittelt, und das vom 28. 11. 2004 bis zum 2. 1. 2005. Die rechte Karte zeigt eine Ausschnittsvergrößerung der besonders intensiven Bewegungsphase vom 13. 12. bis um 28. 12. 2004. Einflussgrößen waren der Weddellwirbel, Wind und Gezeiten. Für die ISPOL-Wissenschaftler war die Erkenntnis wichtig, dass die Großbewegung Weddellwirbel von anderen Bewegungen modifiziert und zeitweise sogar überlagert werden kann. Die Zerr- und Presskräfte am Packeis sind erheblich und sicherlich entscheidend, wenn es um die mechanische Verkleinerung der Schollen geht – und damit um das Aufbrechen der im Hochwinter fast geschlossenen Packeisdecke. Eine von vielen ISPOL-Erkenntnissen: Das randliche Zerkrümeln der Eisschollen unterstützt im Südsommer den Abtauprozess entscheidender, als man bisher angenommen hatte. Und wenn es noch eines Beweises bedurft hätte, dass auf dem »Raumschiff Erde« alles mit allem zusammenhängt, ISPOL 2004/2005 hätte ihn erbracht: Das entlegenste Meer der Erde ist von zentraler Bedeutung für den Puls der Ozeane – und damit mittelbar auch für das Klima.

turbulente Drift

Driftdiagramm der *Polarstern*

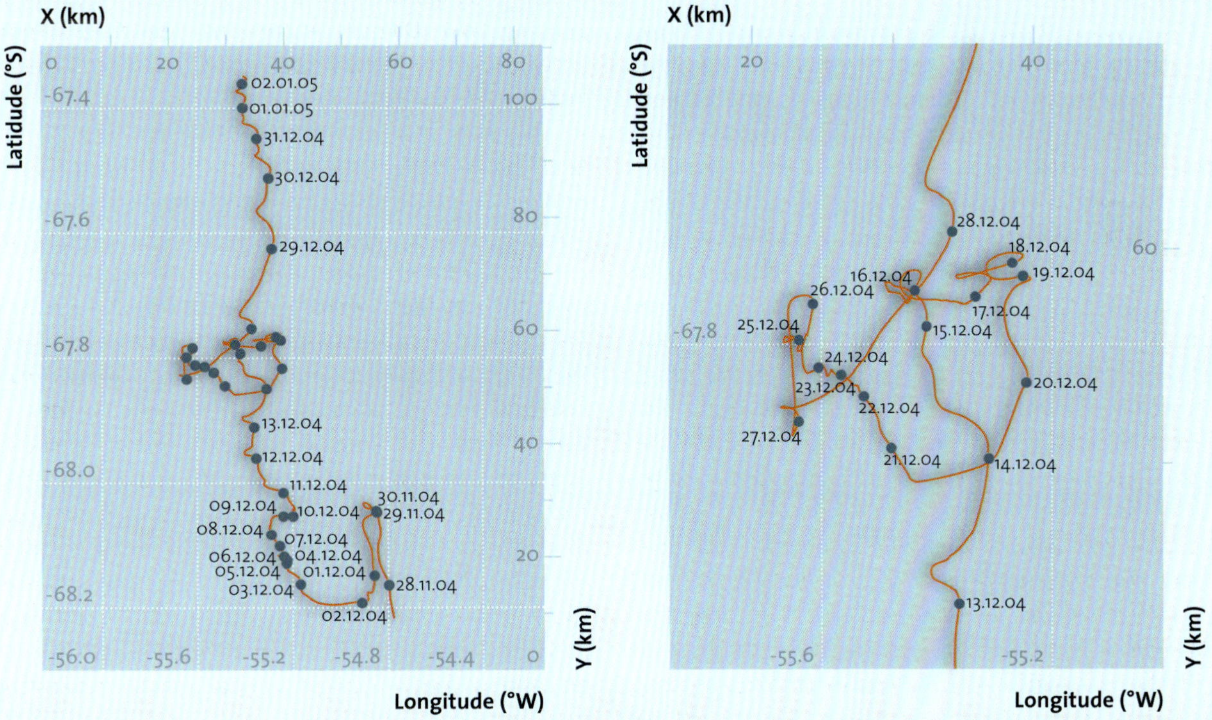

Daten & Fakten

------Mehr über Polar-Ökologie wissen?------

Naturgemäß kann ein Expeditions-Logbuch wissenschaftliche Fragen nicht in aller Tiefe ausloten. Etliche der im Text genannten Wissenschaftler haben sich freundlicherweise bereit erklärt, interessierten Lesern mit Zusatzinformationen auszuhelfen. Hervorgehobene Namen bezeichnen die Planer der ISPOL 2004/2005.

Jan Michels,
jmichels@awi-bremerhaven.de
Oliver Huhn,
Oliver.Huhn@t-online.de
Gerhard Dieckmann,
gdieckmann@t-online.de
David Thomas,
d.thomas@bangor.ac.uk, (Anfragen in Englisch)
Jouko Launiainen,
Juko.launi@fimr.fi, (Anfragen in Englisch)
Thorsten Dittmar,
dittmar@ocean.fsu.edu
Sigrid Schiel,
sschiel@awi-bremerhaven.de
Tony Worby,
A.Worby@utas.edu.au, (Anfragen in Englisch)
Jacqueline Stefels,
j.stefels@bio.rug.nl, (Anfragen in Englisch)
Michael (Mike) Schröder,
mschroeder@awi-bremerhaven.de
Christian Haas,
chaas@awi-bremerhaven.de
Michael Spindler,
mspindler@ipoe.uni-kiel.de

Zwei Lesetipps zum Abschluss: Seid hartnäckig, Freunde Antarktikas, und durchstöbert alle verfügbaren Antiquariate und das Internet nach Erich von Drygalskis Buch *Zum Kontinent des eisigen Südens,* VEB F. A. Brockhaus Verlag Leipzig, 1989.

Wer ein wissenschaftlich genaueres, aktuelles Bild der modernen Polarökologie sucht, als es dieses Logbuch bieten konnte, dem sei das didaktisch hervorragende, brillant geschriebene (englischsprachige) Buch von David N. Thomas empfohlen: *Frozen Oceans,* Natural History Museum, London, 2004, ISBN 0 565 09188 3.

Dank & Impressum

Wir danken Kapitän Uwe Pahl und der Crew der *Polarstern* für vielfältige, freundliche, effektive Hilfe. Wir danken allen ISPOL-Wissenschaftlern, namentlich und hier stellvertretend erwähnt den Organisatoren der Expedition, Gerhard Dieckmann, Christian Haas, Hartmut Hellmer und Mike Schröder, sowie Fahrtleiter Michael Spindler und der Zooplanktonologin Sigi Schiel. Unser Dank gilt auch den Verantwortlichen des Alfred-Wegener-Instituts, die eine journalistische Begleitung dieser Expedition ausdrücklich befürwortet und unterstützt haben.

Claus-Peter Lieckfeld, Ingo Arndt

Ein Buch der Partner
FREDERKING & THALER und GEO

Die Deutsche Bibliothek verzeichnet diese Publikation in der Deutschen Nationalbibliografie; detaillierte bibliografische Daten sind im Internet über http://dnd.ddb.de abrufbar.

Copyright © 2005
Frederking & Thaler Verlag GmbH, München
www.frederking-thaler.de

Alle Rechte vorbehalten

Fotos:
Ingo Arndt, Mörfelden, www.arndt-photo.de
Die Fotografien dieses Buches wurden digital weder verändert noch manipuliert.
Text:
Claus-Peter Lieckfeld, Windach a. A.
Mit einem Vorwort von Prof. Jörn Thiede, Alfred-Wegener-Institut für Polar- und Meeresforschung, Bremerhaven
Lektorat:
Gerhard Seidl, teXt in form, München
Layout, Umschlaggestaltung und Satz:
Wunderamt, München
Grafiken auf S. 194 – 195:
Martin Künsting, Verlag Gruner & Jahr AG & Co KG, Redaktion GEO, Hamburg
Herstellung:
Verlagsservice Rau, München
Reproduktion:
Reproline Genceller, München
Druck und Bindung:
Printer Trento, S. r. l., Trient

Printed in Italy

ISBN 3-89405-654-1

Der ganze oder teilweise Abdruck und die elektronische oder mechanische Vervielfältigung gleich welcher Art sind nicht erlaubt. Abdruckgenehmigungen für Fotos und Text in Verbindung mit der Buchausgabe erteilt der Frederking & Thaler Verlag.

-----Erich von Drygalski-----------------

Zum Kontinent des eisigen Südens